O MELHOR DO
AMOR,
O MELHOR DO
SEXO

Suzi Landolphi

O melhor do AMOR, o melhor do SEXO

Tradução de
MARCOS PENCHEL

EDITORA RECORD
RIO DE JANEIRO • SÃO PAULO

CIP-Brasil. Catalogação-na-fonte
Sindicato Nacional dos Editores de Livros, RJ.

L248m   Landolphi, Suzi
        O melhor do amor, o melhor do sexo / Suzi
        Landolphi; tradução de Marcos Penchel. – Rio de
        Janeiro: Record, 1998.

        Tradução de: The best love, the best sex
        ISBN 85-01-05046-6

        1. Sexo (Psicologia). 2. Sexualidade. I. Título.

                                    CDD – 306.7
98-1209   CDU – 392.6

Título original norte-americano
THE BEST LOVE, THE BEST SEX

Copyright © 1996 by Suzi Landolphi.

Publicado mediante acordo com G.P. Putnam'Sons, uma divisão
da Penguin Putnam Inc.

Todos os direitos reservados. Proibida a reprodução,
no todo ou em parte, através de quaisquer meios.

Direitos exclusivos de publicação em língua portuguesa para o Brasil
adquiridos pela
DISTRIBUIDORA RECORD DE SERVIÇOS DE IMPRENSA S.A.
Rua Argentina 171 – Rio de Janeiro, RJ – 20921-380 –Tel.: 585-2000
que se reserva a propriedade literária desta tradução

Impresso no Brasil

ISBN 85-01-05046-6

PEDIDOS PELO REEMBOLSO POSTAL
Caixa Postal 23.052
Rio de Janeiro, RJ – 20922-970

EDITORA AFILIADA

*As palavras e pensamentos expressos neste livro são
dedicados a meu marido, David,
Por dar à minha filha o amor que ela precisa e merece,
Por inspirar a todos os que vêm a nossa casa e
Por viver o melhor do amor e do sexo.
Saiba que você é e para sempre será querido e admirado
com todo o meu amor e respeito.*

Agradecer é muito importante

Escrever este livro foi como viver uma grande experiência sexual, porque o tantinho que tive de fazer sozinha foi muito satisfatório, e para o restante do livro contei com a ajuda maravilhosa, inspiradora e prazerosa de uma parceira, Linda Tomchin. Rimos bastante e tivemos muitas conversas profundas, sinceras, sobre o que esperávamos proporcionar aos outros com nosso trabalho e experiências. Ela foi honesta comigo e confiei nas suas colocações. Preocupou-se com a mensagem tanto quanto a autora. Compartilhou suas histórias e escolheu as minhas, cuidando para que fossem acessíveis e proveitosas. Ela é uma das minhas inspirações e não quero escrever nunca outro livro sem a sua meiga e amorosa sabedoria a me guiar. OBRIGADA, LCT — MINHA DEUSA.

Na minha peregrinação por este mundo, provocando discussões acaloradas sobre sexo, sou sempre e eternamente grata pela voz calma de Tina Mabry. Se sou o furacão, ela é o olho! OBRIGADA, TINA. Este ano você venceu, e agora é a sua vez de tirar vantagem.

É uma bênção a quantidade de pessoas que me encorajaram nessa jornada e nesta obra:

Renée e David Sams — Vocês criaram o melhor infomercial d'O MELHOR DO AMOR, sem nunca pedir que eu diluísse a minha mensagem ou paixão.

Jennifer Rogers — Você teve a visão e tenacidade para colocar a minha mensagem *on-line* na WWW.

Christopher DeLouise — Vocês pagam o preço que lhes cobram sem se queixar ou desculpar, ajudando tanta gente que se perdeu a encontrar um melhor caminho.

Suzanne Bober, editora — Você conduz a sua geração rumo ao novo milênio com palavras mais bem escritas e editadas. Você tornou mais forte a minha voz e minhas idéias mais claras.

Kyrsha, minha filha — Você teve que enfrentar os meus momentos mais difíceis e passar pela dor dos meus equívocos. Agora podemos juntas desfrutar os benefícios e nos fortalecer com nossas conquistas. Obrigada por me perdoar e não se afastar, de forma que seus filhos podem colher a safra da auto-estima e da confiança sexual, assegurando assim que a comunidade jamais tenha que regressar ao nosso medo.

E

David Pritchard, meu marido — Você tornou realidade a idéia deste livro, *O melhor do amor, o melhor do sexo*. A jornada para alcançar você pareceu às vezes bem difícil, embora agora eu mal me lembre disso. Acho que é como dar à luz: a recompensa é muito maior que o esforço — e vale cada sofrimento. Sou extremamente grata por seu amor e amizade e por nossa vida sexual. Muitos me procuram em busca de orientação sexual, mas é com você que eu aprendo. Você é um verdadeiro parceiro e lhe agradeço por todo o estímulo e inspiração. Você é O MELHOR DO AMOR e O MELHOR DO SEXO.

Sumário

PREFÁCIO: Carta aos leitores
15

CAPÍTULO 1

Uma vida sexual sadia começa com a investigação das atitudes que se formaram na juventude

Fazer ou não fazer? Estou confusa. E você?
21

CAPÍTULO 2

Criar relacionamentos em que os dois parceiros são iguais

Isso me parece óbvio!
51

CAPÍTULO 3

𝒜utoconfiança sexual significa ser honesto consigo mesmo

Você merece!
72

CAPÍTULO 4

𝒜 masturbação ensina como o corpo funciona sexualmente

Que alívio!
91

CAPÍTULO 5

𝒯odos precisamos mais de amor e compreensão do que de sexo

Você não precisa se fazer de capacho para ser amada(o)!
116

CAPÍTULO 6

𝒩ada bloqueia mais o prazer sexual do que a ênfase no orgasmo

Não se preocupe, você não está liquidada(o).
133

CAPÍTULO 7

A honestidade cria a confiança e a confiança faz o melhor sexo

Como você pode me amar se eu minto para você?

150

CAPÍTULO 8

Responsabilidade com sua vida sexual

É melhor pensar antes de fazer sexo.

170

CAPÍTULO 9

Aprendendo com os erros de relacionamento

Pare de se punir!

190

CAPÍTULO 10

Confie na sua verdade interior para se comunicar com o outro

Finalmente sou atraída por um homem que tem um humor cáustico como o meu!

207

CAPÍTULO 11

A nova evolução sexual: Mudando nossas atitudes sobre sexo e relacionamentos

**Podemos ter o melhor do amor
e do sexo aqui mesmo neste mundo!**
228

Prefácio: Carta aos leitores

Cara(o) leitora(or),

Estava reunida com algumas pessoas após uma das minhas palestras sobre amor e sexo quando uma mulher mais ou menos da minha idade me fez uma pergunta que nunca ninguém fizera antes: "Como é que você chegou aonde chegou? Quer dizer, emocionalmente. Como é que se tornou tão confiante sexualmente, tão orgulhosa de si mesma?" Eu sequer tinha pensado nisso. Estava tão ocupada tentando consertar e mudar minhas atitudes sexuais que nunca parei para rever o caminho trilhado. Só pude refletir sobre o meu passado depois de me firmar no presente.

Estou muito melhor do que jamais estive e melhoro a cada dia. Na verdade, vivo O MELHOR DO AMOR e desfruto O MELHOR DO SEXO. Tive que enfrentar algumas — não, muitas — provações e desgostos ao longo do caminho até descobrir meu próprio valor e me tornar uma verdadeira parceira em um relacionamento. Não foi má sorte; foram escolhas erradas e uma falta total de amor-próprio. Cometi alguns erros mais de uma vez, mais de duas vezes, alguns mais vezes do que me lembro — mas, finalmente, atingi o objetivo de me tornar sexualmente confiante e orgulhosa de mim mesma.

Vou confiar a você meus erros, fracassos, triunfos e recursos na esperança de inspirá-lo(a) a começar sua própria evolução sexual. Primeiro vou contar minha história, para que você tenha mais confiança para rever e refazer suas atitudes e comportamento sexuais. Tudo se resume em remover a vergonha do passado e a censura. Carregamos diariamente sobre os ombros pesados fardos imaginários de vergonha, culpa, embaraço, desinformação e medo sobre a nossa sexualidade. Carregamos esses "fardos" em cada relacionamento de família, de amizade e de amor; e sua negatividade subjuga qualquer esperança de um relacionamento sexual honesto, positivo. É hora de depor esses fardos e assumir nosso próprio valor sexual.

Todo ganho evolutivo começa com um desejo do indivíduo de ter uma consciência mais elevada e uma melhor qualidade de vida. O espírito humano vai procurar sempre maior compreensão e os instrumentos para construir aquilo que estimula o amor e a vida. Não podemos sobreviver sem amor, afeto e ligações humanas. Não deveríamos viver na escuridão ou no medo em relação à nossa própria sexualidade. Temos o direito humano e espiritual à plena consciência e responsabilidade por nossos desejos e atitudes sexuais.

Para mim, foi a necessidade pessoal de honestidade total e completa informação sexual que me ajudou a iniciar a jornada. Você pode fazer o mesmo. Todo mundo pode se tornar sexualmente confiante e orgulhoso de si mesmo e criar a melhor relação amorosa e sexual. Isso não é apenas para quem tem credenciais acadêmicas ou muita experiência de vida. Independentemente de onde esteja agora e de onde vem, você pode fazer da sexualidade uma das partes mais positivas, gratificantes e prazerosas de sua vida. É um direito que você tem.

Sem autovalorização sexual, podemos tropeçar e cair no mais profundo e vicioso desespero. Isso pode destruir outros setores de nossa vida e enfraquecer todos os relacionamentos que tentarmos construir. A ausência de auto-estima e conhecimento sexual é a maior falha de nossa sociedade. Quanto a mim, não posso permitir que isso continue. Se somos capazes de projetar novos carros a cada ano para aumentar o conforto e a segurança daqueles que amamos e de nós mesmos, podemos fazer algo parecido com nossa vida sexual. Pense só nisso: este livro é bem mais barato e fácil de conservar do que um carro novo! E pode levá-la(o) a lugares novos e bem melhores — lugares que podem animar o seu espírito e aproximá-la(o) daqueles que você ama. Aproveite a viagem, fique de olhos abertos; e diga a todos que você encontrou a verdade sexual. Mande-me um cartão-postal contando aonde você chegou e todo o prazer que está tendo.

Você merece,

Suzi

O melhor do AMOR, o melhor do SEXO

Capítulo 1

Uma vida sexual sadia começa com a investigação das atitudes que se formaram na juventude

Fazer ou não fazer? Estou confusa. E você?

Somos sexo do nascimento à morte

VOCÊ PODE ESTAR SE PERGUNTANDO como e por que comecei essa busca do melhor do amor e do sexo. Como a maioria das descobertas, começou com minha própria incapacidade de criar uma parceria amorosa e uma vida sexual satisfatórias. Apesar de ter aprendido algumas lições valiosas na adolescência, eu não tinha qualquer confiança sexual. Quando adulta, entrava e saía de relacionamentos e experiências sexuais me perguntando o que havia de errado comigo. Mas só consegui mudar de comportamento quando mudei de atitude em relação a mim mesma e a minha sexualidade. Com efeito, foi impossível melhorar meus relacionamentos e minha vida sexual até pôr a nu as incompreensões e medos que formaram minha educação. Para se livrar das idéias e comportamentos sexuais que estão bloqueando sua compreensão e felicidade, você deve estar pronta(o) a questionar suas velhas crenças e atitudes aprendidas com os pais, professores, instrutores religiosos e colegas. Ao lhe contar a minha história, meu objetivo é encorajar você a examinar a sua. Quando souber como e por que surgiram suas atitudes sexuais, será muito mais fácil mudar comportamentos indesejados e fazer escolhas inteligentes. Mantenha o coração e a mente abertos e não tenha medo de tentar algo novo!

Comecemos analisando a noção de que somos seres sexuais do nascimento à morte. Isso é bastante óbvio para quem tem filhos. Quando trocamos suas fraldas, a primeira coisa que os bebês fazem é agarrar seus genitais e colocar os pés nas orelhas para poderem segurar de verdade (alguns de nós ainda gostariam de poder fazer isso!). Mas o que é que dizemos ao bebê? "Não, não, você não deve tocar aí. É sujo, sujo, viu?" E o que pensa o bebê? *Uau, papai, mamãe, se vocês fizessem mais isso, ficariam menos estressados!* O bebê está certo. O fascínio e o prazer com os próprios órgãos genitais começam até mais cedo. Os meninos têm ereções ainda no ventre materno e as meninas descobrem sua genitália também por essa época.

Algumas de nossas primeiras lembranças ligadas à sexualidade e às diferenças sexuais são acompanhadas de negatividade em vez de explicações honestas e específicas. Uma terrível confusão acompanha o prazer com a própria genitália. Somos ensinados a não tocar nas partes que nos dão prazer. Por quê? "Porque eu mandei!" — é a resposta mais comum. Continuamos a explorar essas sensações às escondidas porque temos um medo terrível de sermos pegos ou punidos.

Quando crianças, brincamos, por exemplo, de "médico" para ver e falar do que é proibido. Quando os adultos não estão por perto, continuamos nossas explorações com os amigos, geralmente crianças do mesmo sexo. Afinal, as meninas e os meninos muitas vezes são *um saco* uns para os outros; então, quem melhor para brincar do que a melhor amiga ou o melhor amigo? Essa esfregação e "pegação" parece natural à criança até que comecem a caçoar dela por fazer isso com alguém do mesmo sexo. Então ela passa a ter mais culpa e vergonha do que auto-estima sexual.

À medida que nossa energia sexual se desenvolve, a sociedade tenta com mais força controlar a expressão da nossa sexualidade. Somos repreendidos por mamãe e papai, por outras pessoas da família, pelos amigos, pela escola, pela igreja, pela TV, por qualquer um que se ache no direito de exercer o papel de polícia de costumes. Não dão à criança nenhuma informação de fato, apenas um monte contraditório de proibições, *não pode* isso, *não pode* aquilo. Só nos dizem *pode* quando estão interessados em nos vender algo. Os anunciantes não têm escrúpulos em usar o sexo para vender os seus produtos.

Para aumentar a confusão na cabeça da criança, ela é bombardeada com mitos sobre a diferença entre os sexos. Meninos e meninas são separados, ensinados a crer que são adversários sexuais, e depois homens e mulheres se vêem empurrados uns para os outros na maturidade. Somos forçados a iniciar nossa vida sexual como analfabetos sexualmente embaraçados. A curiosidade natural da infância e o orgulho sexual que tínhamos são rapidamente substituídos por equívocos e vergonha.

Entramos na puberdade com medo e confusão e a única coisa que nos ensinam é como o espermatozóide encontra o óvulo. Ereções, polução noturna e marcas de excitação nas calças nunca são discutidas. Há pouca informação sobre a nossa sexualidade emergente. Para as meninas a menstruação chega de surpresa e, além do embaraço e desgosto, tornamo-nos alvo de muitas brincadeiras. Ninguém sabe como nos dar uma verdadeira informação ou alívio. Para os meninos, é igualmente frustrante. As ereções acontecem sem controle, sem aviso, e eles se sentem vulneráveis no vestiário da escola, na piscina do clube ou diante do quadro-negro. A ejaculação durante o sono transforma-se em pesadelo porque ninguém explica que isso é uma expressão natural da sexualidade nos meninos e que as meninas também se molham em sonho.

Você se lembra da conversa sobre sexo que a maioria de nós não teve? Não queremos educação sexual nas escolas, mas raramente ela é dada em casa. A falta de informação correta apenas estimula mais atividade sexual na adolescência. O que aconteceria se a gente aprendesse a dirigir do mesmo jeito que aprende sexo? *Tudo bem, garoto, aqui está a chave. Agora, encontre no carro um buraco onde encaixá-la e a enfie lá. Ligue o carro e pise no acelerador. Cuidado para não sair da estrada. Se for muito rápido, pise no freio e tente parar em segurança. Boa sorte!*

Sexo é o único assunto sobre o qual achamos que quanto menos soubermos, melhor. Temos ânsia em aprender sobre outros importantes aspectos da vida e estamos prontos a partilhar nosso conhecimento e experiência a respeito deles, mas não a sexualidade. Não admira que façamos de qualquer livro, revista ou vídeo pornográfico uma fonte de informação visual. Para muitos, esse tipo de material é na verdade a primeira abordagem que têm sobre sexo e nele a relação sexual é descrita como algo desprovido de qualquer conotação emocional ou espiritual. Não importa que esses filmes sejam montagens exageradas e que as pessoas estejam apenas fingindo. Estamos decididos a ter expectativas irreais.

A FALTA DE INFORMAÇÃO SEXUAL NÃO DESESTIMULA A ATIVIDADE SEXUAL NA ADOLESCÊNCIA

A ÉPOCA DE ESTUDANTE SECUNDARISTA influenciou muito minha sexualidade adulta. Um importante acontecimento na adolescência me ajudou a iniciar a jornada rumo à autoconfiança sexual. Minha irmã ficou grávida aos 16 anos. Que embrulhada, que dor de cabeça para todos nós. Eu amava minha irmã e sabia que ela estava em situação desesperadora. Minha mãe deu o apoio e o carinho de sempre, decidida a não deixar que isso destruísse a já combalida família. O namorado de mamãe, que foi o verdadeiro pai para mim (eles acabariam se casando), nos ajudou a enfrentar esse difícil dilema.

Por fim, minha irmã fez um aborto. Infelizmente, naquela época o aborto era ilegal, exceto em certas circunstâncias, em nenhuma das quais o caso se encaixava. Minha irmã e o namorado fizeram sexo porque pensavam que se amavam, e é isso o que os amantes fazem na mesma situação. Minha mãe levou minha irmã para um buraco de apartamento numa área de Boston que devia ser demolida. Um sujeito que não era médico deu à minha irmã uma droga para induzir ao aborto e minha mãe é que teve de se livrar do feto. Foi horrível.

Esse pesadelo afetou toda a família. Ninguém era culpado. Muitos rapazes e moças, muitas famílias passavam por isso em segredo. O sexo fora do casamento jamais era discutido naquela época, quanto mais a gravidez indesejada, que era vergonhosa e potencialmente desastrosa para toda a família. Esse tipo de tragédia resultava dos tabus sociais sobre sexo. Somos ensinados a ter vergonha e culpa sobre nossa sexualidade, mas usamos o sexo como símbolo para tudo o que representa sucesso e poder. É tamanha a contradição que nossos jovens sofrem com isso.

Então, o que deve fazer uma pessoa confrontada com essas mensagens conflitantes? Faça! Não faça! Faça! Não faça!

*E*NSINAM ÀS MENINAS QUE SEUS SENTIMENTOS SEXUAIS PODEM MAGOÁ-LAS

SEI QUE MINHA IRMÃ, NA ADOLESCÊNCIA, comeu o pão que o diabo amassou. Ela esteve acima do peso a vida toda. Eu ouvia meu pai biológico chamá-la de "gorda" toda vez que a gente ia comprar uniformes de escola. Eu sabia que, mesmo ainda criança, ela sentia vergonha da própria aparência. E lá estava eu, a pequena bailarina engraçadinha, elogiada e mimada, enquanto ela preparava hambúrgueres na lanchonete da escola de dança. Em outras palavras, eu era a queridinha, e ela, a gorda.

Então, um dia, um dos sujeitos mais atraentes da nossa escola começou a prestar atenção nela. Ele a provocava com uma atitude arrogante, que ela devolvia em cheio. Ninguém era melhor que minha irmã nesse tipo de coisa. Ela podia reduzir qualquer um à própria insignificância, picá-lo em fatias como um tomate e enfiá-lo no próximo *cheeseburger*. Ninguém jamais resistira a esse figurão, não seria uma garçonete gorducha quem iria conseguir. Mas a atenção que ela despertara evoluiu para um sentimento de respeito, que acabou se transformando em amor, e ele foi fisgado. Ali estava uma garota forte e autoconfiante que não se impressionava com a aparência e o talento dele. Era diferente de todas as outras e ele tinha que conquistá-la. Infelizmente, como acontece com tantas de nossas fortalezas, a de minha irmã provinha de dor e mágoa profundas e era essencialmente um mecanismo de defesa, uma maneira de esconder sua falta de auto-estima, de proteger-se contra novos ataques emocionais, de manter as pessoas à distância e evitar assim que a ameaçassem.

À medida que ele a perseguia, atraído por essa atitude de *não me importa quem você é,* ela passou a abandonar suas defesas. Por fim, a garotinha magoada, sem nenhuma autoconfiança de fato, acabou se expondo. Esperava assim que o rapazote a compreendesse e continuasse gostando dela, a verdadeira garota por trás das aparências, aquela que precisava desesperadamente ser amada e aprovada.

Deixou que ele fizesse sexo com ela para provar como o amava e precisava dele. E, claro, aconteceu o pior. Quando ela trocou aquela aparência forte e confiante por uma atitude submissa, com medo de perder as atenções dele,

ele perdeu o interesse e a abandonou. Era mais uma prova de que ninguém poderia amar a sua *pessoa verdadeira*. Ele foi embora depois de conquistar mais uma e ela ficou só, grávida, com o coração partido e o amor-próprio no pé.

Essa história, porém, teve um final feliz. Hoje, minha irmã é a mãe orgulhosa de dois filhos e avó de um lindo menino. E será sempre uma de minhas heroínas.

Como toda experiência ruim, a provação de minha irmã foi uma oportunidade de crescimento e aprendizado. Para mim, levou a um importante momento de descoberta sobre o sexo e a auto-estima. As relações sexuais traziam muita dor a muita gente, que no entanto acreditava que elas fossem expressão de amor, que aproximassem as pessoas, criando um vínculo, um compromisso. Eu ainda não tinha tido relações sexuais e tudo que sabia a respeito era através das experiências de terceiros ou da TV, do cinema e dos livros.

Visto do privilegiado ponto de observação que eram meus 14 anos, esse incidente causou um bocado de estragos. Não teve nada a ver com o fato de ser virgem. Não passei a menosprezar minha irmã por ter expressado seu amor e devoção com o ato sexual. Para mim, a rejeição é que se tornou o centro da questão. Vi minha irmã angustiada, sofrendo, sentindo-se tão abandonada quando o namorado tomou a decisão covarde de fugir. Ela estava mais longe do que nunca da auto-estima. Minha mãe ficou realmente abalada com essa explosão emocional na família e preocupou-se com minha irmã ainda por muitos anos. Minha apresentação ao ato sexual equivaleu a ser apresentada a alguém que lhe dá um tapa no rosto em vez de lhe apertar a mão. O que se seguia ao ato era muito mais do que um ponto molhado no banco de trás do carro.

Por isso decidi que não ia fazer aquilo. Se ficasse grávida, seria a morte para mamãe e papai. E, depois, o cara iria me abandonar. Na minha cabeça, essa coisa de ato sexual definitivamente não valia a pena. Eu não queria fazer isso.

Você pode controlar o seu orgasmo

PASSARAM-SE DOIS ANOS E ESTOU com Gary* no carro, estacionado atrás do cemitério judeu. Ouço grilos e vejo relances de luzes de outros carros buscando também um ponto para estacionar. Estou tão suada e excitada que sinto como se fosse explodir. Estou namorando Gary há dois anos, mas nosso relacionamento avançou devagar, muito lentamente. Ele é ainda mais tímido do que eu em matéria de decisões.

A gente deve ter passado um ano inteiro só se beijando de todas as maneiras possíveis, experimentando saliva e língua até um dos dois desistir e ir embora para casa. Foi um relacionamento perfeito, até o desejo de fazer mais começar a crescer dentro da gente. Eu era mais ousada que Gary e fui aos poucos montando nele, procurando um jeito de esfregar a virilha em qualquer coisa que encontrasse. Claro, a gente não falava, fazia tudo como dois mímicos, de olhos fechados, tentando descobrir a linguagem do outro corpo, as bocas literalmente grudadas uma na outra. Naquela época eu sabia, 1°, que estava muito excitada e queria descobrir minha própria satisfação sexual (acho que não co-

---

*Não é o nome verdadeiro. Tanto os nomes como as características que poderiam identificar algumas pessoas mencionadas ao longo do livro foram trocados para proteger sua privacidade.

nhecia a palavra *orgasmo*, mas sabia que queria atingir um novo estágio sexual) e, 2º, que não queria consumar o ato sexual, copular (não estava física nem emocionalmente preparada para isso e tinha feito a mim mesma a promessa de evitá-lo depois do que acontecera a minha irmã, embora quisesse ter prazer sexual).

Lá estava eu no banco da frente de um Valiant, com a virilha ardendo em fogo e nenhuma orientação sobre o que fazer, exceto que tinha que enfiar o pênis dele na minha vagina.

Todo mundo na TV e no cinema tinha relações sexuais ou, então, simplesmente parava e ia embora para casa, frustrado. Nenhuma das duas coisas era opção para mim. Eu queria mais. Usar as mãos para excitar e explorar o corpo do outro era bom, mas não sei de onde tirei a idéia de que a masturbação mútua era perversão, não *sexo de verdade*. Nenhuma das minhas amigas jamais dissera: "Ora, simplesmente ficamos nos esfregando lá com as mãos até os dois gozarem." Em vez disso, o que as minhas amigas contavam era sempre a mesma história: *A gente se beijou na boca. Ele enfiou a mão por baixo da minha blusa, alisou meus peitos e soltou meu sutiã. Depois, desabotoou a minha calça e eu o ajudei a tirá-la. Aí desabotoou as calças dele, mas realmente não vi AQUILO. Subiu em cima de mim e meteu. Ficou se mexendo, gozou e, depois, tirou.*

Decidida a obter algum alívio sexual, assumi o comando e montei naquele rapaz magricela e pernalta, comprimindo pelve contra pelve, tentando encontrar o que quer que fosse. Teria me arrumado com um bastonete de manteiga de cacau no bolso dele. Para minha surpresa e delícia, porém, ele tinha algo bem mais efetivo: uma ereção. Um pênis ereto é uma coisa muito grande, especialmente quando comprimido sob a roupa (ou quando o dono o coloca na vertical para sua maior comodidade). Não me importava como tinha chegado àquela posição, o importante é que estava daquele jeito e eu tinha uma coisa perfeita em que me esfregar. Apesar de inteiramente vestidos, dava para sentir o suficiente para me excitar cada vez mais e chegar mais perto da combustão espontânea.

Sentia-me no comando porque estava por cima. Não que eu quisesse exercer o controle, simplesmente Gary parecia não se importar. Ele aceitava minha cavalgada e, até onde eu podia perceber, estava gostando. Gemia um pouco, respondia à pressão, mas não agarrou minha bunda para aumentar a força da alavanca. Foi bom que não fizesse isso, porque fiquei livre para me mexer e descobrir posições à vontade. À medida que eu ia me excitando e pressionava com mais força e mais rápido, ele mergulhava mais fundo no seu próprio prazer.

Nas primeiras vezes que chegamos perto do orgasmo, paramos. Não, *eu* parei. Lembro que pensei: *Será que eu quero transpor esse limite? Será que quero atingir esse novo e excitante estágio?* Sentia um pouco de medo, certo embaraço e alguma relutância em alcançar o prêmio e pôr fim a uma época de exploração e descobertas sexuais. Foi tão gostoso chegar até ali; será que o orgasmo mesmo seria tão emocionante?

Continuamos a nos esfregar com mais força. Descobri que tinha de encaixar a virilha de uma maneira precisa no pênis ereto. Se ficasse muito para a direita ou para a esquerda, não me excitava o bastante. Logo pegamos a coisa e encaixávamos nos pontos exatos a cada deslizar, a cada esfregada. De vez em quando eu dava uma olhadela furtiva no rosto dele. Mesmo de olhos fechados, era visível aquela expressão de desfalecimento e um sorriso de prazer sexual repuxando os cantos da boca. A coisa estava sendo boa para os dois. Notei que à medida que ia ficando mais excitada, ele também ficava. Era como rir juntos — uma pessoa começa e, sem aviso nem explicação, seu riso desencadeia o da outra pessoa e esse "gás hilariante" vai e vem até que as duas estão chorando de tanto rir. Foi exatamente assim. A gente mexia junto e o êxtase sexual ia contagiando os dois, passando o mútuo consentimento através do coração acelerado, da pressão pélvica, da genitália inchada.

Jamais esquecerei a tremedeira que tomou conta do meu corpo quando finalmente atingimos o orgasmo — a descarga elétrica vibrante na pelve, a batida forte do coração e a sensação quase de desmaio. Ele também foi sacudido. Então relaxamos, as roupas encharcadas de suor. Minha virilha ainda estava sensível, saboreando o prazer, mas não clamando para que eu continuasse a impelir como nos últimos minutos. Sorri, porque não podia evitar de fazer isso. Devia fazer parte do orgasmo. Espasmos genitais involuntários e, depois, um sorriso também involuntário.

Então me desgrudei de Gary devagar e olhei o seu rosto à procura de alguma reação. Seus olhos estavam semicerrados e tinha ainda o mesmo sorriso estúpido na face. A gente começou a se endireitar, a arrumar a roupa e, quando ele enfiava a camisa nas calças, notei a marca molhada bem junto ao zíper. Sim, ele estava tão molhado quanto eu. Tinha ejaculado, como eu. Sentimo-nos maravilhosos, satisfeitos por ter encontrado uma maneira de gozar sem consumar o ato. E eu estava especialmente orgulhosa por ter sido o lado sexualmente ativo. Mudando regras preestabelecidas, adaptamos a situação a nossas individualidades. Ele não teve que ser agressivo e eu não tive que fazer o papel passivo.

Nos três anos seguintes, Gary e eu tivemos um monte de orgasmos e eu ficava sempre me perguntando se a mãe dele notava aquelas manchas nas roupas dele.

SEXO PRAZEROSO É UM PROCESSO GRADUAL

A EXPERIÊNCIA COM GARY ME ENSINOU que *sexo é mais do que copular.* Quando moça, pude obter prazer sexual sem ter que fazer algo para o qual não estava preparada. Aprendi que sexo é um processo gradual e que é preciso tempo antes de conectar os órgãos genitais. Primeiro é preciso construir uma conexão emocional. Depois temos que compreender nossos desejos sexuais. Os meus desejos me faziam acariciar mais a pele e esfregar um pouco mais. Tornei-me consciente de como minha energia sexual me acompanhava por toda parte, feito a pestinha de uma irmã pequena que pedia mais atenção do que eu estava disposta a dar. Aprendi a resolver problemas de maneira criativa. Foi possível encontrar uma alternativa satisfatória para uma necessidade muito forte e exigente. Gary e eu descobrimos um jeito de chegar ao orgasmo sem a preocupação da gravidez.

Nossa vida sexual era satisfatória; a gente tinha mais prazer do que a maioria dos amigos. No entanto, pelos padrões sociais, não estávamos fazendo *a coisa de fato*. E mesmo apesar de Gary se arquear, malhar e grunhir, eu não ia para casa me sentindo arrasada por não ter chegado ao orgasmo no ato (como acontecia com a maioria das minhas amigas). E não me sentia usada. Meu parceiro não estava contando vantagem no vestiário masculino falando de minhas partes íntimas como se fossem os novos pára-choques de cromo do seu carro.

Por que ninguém nunca disse que podíamos fazer daquele jeito? Por que todos os adultos ainda se queixavam e se irritavam com as adolescentes que ficavam grávidas, quando bastaria que nos contassem como fazer sexo de maneira satisfatória para atingir o orgasmo sem correr risco algum? Será que não sabiam? Ou a cópula era considerada a única forma verdadeira de sexo? Ou se a mulher assumia o controle, ficava por cima, estaria sendo dominadora? Todos esses pensamentos me passavam pela cabeça.

Quando me lembro dos meus encontros sexuais da adolescência, percebo quanto ainda me influenciam. Tudo o que descobri com Gary ainda é relevante para mim hoje. Ainda uso o mesmo processo gradual nas relações sexuais. A satisfação de Gary não era mais importante do que a minha; participávamos em pé de igualdade, acrescentando novidades a nosso repertório sexual com mútuo consentimento. E topávamos com boas idéias para construir uma parceria adolescente satisfatória que ainda se aplica a minha vida sexual adulta, mais sofisticada. Claro, o inverso pode ser verdadeiro. Se a satisfação mútua ou a partilha do controle sexual não acontece nas nossas primeiras experiências sexuais, pode ser difícil mudar quando adulto. Ao analisar minhas escapadas sexuais com Gary, percebo como me sentia confiante durante as nossas explorações. Posso honestamente dizer que nem sempre me senti desse jeito em meus relacionamentos sexuais adultos.

A MAIORIA DAS PESSOAS É DESINFORMADA SOBRE SEXO

DURANTE A MAIOR parte da nossa adolescência, damos tropeções e nos debatemos e nunca experimentamos um sucesso sexual efetivo. A maioria de nós continua nessa batalha por toda a vida adulta. Em vez de buscar a informação correta, tentamos imaginar por conta própria o que é essa coisa chamada sexo, enquanto a sociedade continua a nos empurrar goela abaixo estas mensagens contraditórias:

- **Cópula entre parceiros regulares.** Supõe-se que este é o único tipo verdadeiro de sexo. Nada poderia estar mais longe da verdade. Dar tanta importância a essa única forma de expressão sexual limita de modo injusto nossas chances de criar uma definição mais ampla e individual de sexualidade mutuamente satisfatória.

- **Espere o casamento para fazer sexo.** É uma mensagem idealista mas não muito realista. O que na verdade diz é: espere para realizar o ato sexual. Ela reforça a crença de que a cópula é a única maneira de fazer sexo, invalidando outras formas de expressão sexual.

- **O sexo vai lhe dar poder, dinheiro e reconhecimento.** Esta é uma mensagem martelada em nosso cérebro pela televisão, pelo cinema e pela publicidade. Ela faz da nossa sexualidade uma mercadoria que pode ser comprada e vendida. Somos levados a acreditar que é possível separar nossa sexualidade do nosso ser emocional e espiritual. No fim das contas, quando se encontra aquele parceiro especial e se tenta combinar sexo e amor, descobrimos que estamos amedrontados demais para ter uma relação íntima e aberta.

- **É fácil fazer sexo.** Então por que tantos de nós são infelizes e insatisfeitos com sua vida sexual? Não é tão fácil conseguir uma relação sexual maravilhosa, pelo menos não como parece no cinema e na televisão. No entanto, com a informação e orientação corretas, todo mundo é capaz de ser um grande parceiro sexual.

- **O sexo vai lhe trazer doenças horríveis ou, pior, vai matá-la(o).** O medo nunca impedirá as pessoas de fazer sexo. Mas temos que mudar a maneira como usamos nossa sexualidade e as condições sob as quais a exercemos. Algumas expressões sexuais nos colocam mais em risco, físico e emocional, quando exercidas com desespero ou com pouca ou nenhuma informação.

- **Sexo é amor. Amor é sexo.** Nenhuma das afirmações é verdadeira em si mesma. O amor pode ser expresso através do sexo, mas o sexo por si só não expressa amor. O sexo é extremamente satisfatório quando praticado com amor.

- **Buscar prazer sexual consigo mesmo(a) é coisa ruim, pervertida.** Fazer sexo com estranhos, tudo bem. De onde é que tiramos essa idéia atrasada? Ao fazer da masturbação um ato vergonhoso ou só para pessoas indesejáveis que não conseguem arrumar parceiro, nós subliminarmente instituímos a idéia de que é melhor o sexo com uma pessoa estranha. A masturbação é uma expressão do amor-próprio e favorece a saúde genital, fortalecendo o sistema imunológico.

- **O sexo termina quando você se casa porque a variedade é o tempero da vida.** Minha experiência foi justamente o contrário. Fingi prazer sexual mais comumente com pessoas que não conhecia bem. O melhor sexo será sempre com verdadeira honestidade e autêntica segurança física e emocional. O que quer dizer sem embaraço e sem censura e com autêntica preocupação pelo bem-estar sexual, físico, emocional e espiritual de ambos os parceiros. Uma variedade de exercícios sexuais com um parceiro amoroso e respeitoso é o tempero da minha vida sexual.

- **Só quem parece sensual é de fato sensual.** Os meios de comunicação deram início a esse feio boato usando o sexo, a atração sexual e a sensualidade para nos vender a ilusão do poder e do desejo sexuais. A sensualidade é um estado de espírito. O que você pensa que é sexualmente constitui uma atitude baseada na efetiva auto-estima sexual e não uma certa aparência, uma tendência da moda ou uma representação. Sensual é o que fazemos com nossa sexualidade, não a aparência.

Todas essas idéias contraditórias nos preparam para ser fracassos sexuais, e a maior confusão cerca o ato sexual.

Seria mais saudável ensinar aos jovens uma abordagem gradual das relações sexuais, com os seguintes passos:

1. ter orgasmos juntos antes de copular;
2. deixar a mulher cuidar da vida sexual dela e do seu próprio orgasmo;
3. estimular cada parceiro a encontrar o próprio ponto de prazer, para que ambos tenham igualmente satisfação.

*C*ONSTRUA SUA VIDA SEXUAL COM UM PRAZER DE CADA VEZ

NUMA ABORDAGEM GRADUAL DO SEXO, o senso comum nos diz que devemos ir devagar e ter uma experiência plenamente prazerosa por vez. No entanto, quantas vezes nos desperdiçamos em um novo encontro sexual, passando direto de uns poucos beijos apaixonados para o coito? Espere! Como é que chegamos aí tão rápido assim?

Fingimos estar gostando, porque a moda é agir assim, e pensamos: *Mais cedo ou mais tarde acabo pegando o jeito.* Ou: *Tenho certeza que vou acabar gostando.* Ou ainda: *Da próxima vez vou lhe dizer como eu gosto realmente.* Mas o que estamos pensando no fundo é: *Não quero ferir os seus sentimentos.* Ou: *Estou muito embaraçada.* Ou: *Não a(o) conheço o bastante para "mostrar e falar isso" agora, ainda é muito cedo, o relacionamento mal começou.*

De onde é que tiramos essa lógica atrasada? Isso mostra de maneira cabal uma falta de senso comum em matéria de sexo. Será que essa coisa foi aprendida nos filmes que mostram as pessoas copulando cinco minutos depois de se conhecerem? Esperem um pouco! Num filme, o diretor tem apenas três minutos para a cena de sexo, de forma que os vários passos preliminares são omitidos, editados e esquecidos na sala de montagem. É a chamada licença dramática. Na vida real, essa de que você e eu participamos, as coisas não funcionam assim. Não temos um diretor ao lado da cama orientando cada movimento, cada toque e gemido. Temos que dirigir a cena sozinhos e está definitivamente excluída a hipótese de edição, de cortes de montagem.

Como todo ato complexo, carregado de emoção, entre duas pessoas, o sexo prazeroso requer uma base sólida de prazer gradual. Em outras palavras, o sexo é uma relação física, emocional e espiritual cuja motivação deriva da construção de sucessivos atos de prazer. A sinceridade e o cuidado do primeiro toque ou do primeiro beijo lançam o alicerce para os passos seguintes de prazer. Cada passo de prazer baseia-se no anterior e ajuda a criar uma trilha sexual mutuamente satisfatória para o próximo estágio de prazer.

Pense nesse princípio dos passos de prazer sexual como se você fosse um arquiteto, engenheiro, construtor ou costureira elaborando a sua criação. Comece de baixo, dando o passo seguinte quando o anterior tiver sido concluído com o máximo cuidado e satisfação. Não passe ao nível dois até se sentir completamente à vontade no nível um. Com efeito, fique aí um pouco, desfrute a novidade e excitação da coisa toda. Se os amantes forem sinceros um com o outro, poderão gozar o passo seguinte de prazer.

Dê um passo de cada vez. Crie uma base de prazer sexual. Qualquer estrutura, qualquer relacionamento, só é forte com uma base forte.

SEXO NÃO É SINÔNIMO DE COITO

NÃO TINHA NOÇÃO DISSO NAQUELA época, mas Gary e eu viramos as costas para a norma — a maneira como geralmente é retratado e praticado o sexo entre um homem e uma mulher. Não seguimos as regras estipuladas para os dois sexos nem fizemos do coito O padrão sexual. No nosso caso, a grande mudança foi de atitude. E parecia tão simples: uma iniciação no mundo do sexo a dois baseada no senso comum. O sexo passou então a significar toda e qualquer maneira de chegar ao orgasmo. O homem não tinha sempre que estar no comando e a mulher não tinha que ficar passivamente deitada de barriga para cima. Não me via como "a desencadeadora de ereções", então não agia como tal.

Tive a sorte de perceber isso bem cedo na vida. Ao usar a palavra *sexo* no sentido de penetração vaginal, colocamo-nos numa posição sexual muito difícil. Todos sofremos uma lavagem cerebral para aceitar essa idéia errônea, idéia que dominou nossas opções e padrões sexuais por gerações. E ficamos nos perguntando por que a cada ano mais e mais adolescentes engravidam e por que tantos adultos ainda são insatisfeitos com sua vida sexual.

A crença de que sexo significa coito é um resquício do passado. É uma noção que remonta à época em que epidemias, calamidades e guerras destruíam nações. O coito era então necessário para produzir novos seres humanos e permitir que a civilização prosseguisse. Portanto, era a única forma necessária e importante de sexo. Espero que nos dias de hoje estejamos mais interessados no controle da natalidade do que em repovoar civilizações.

Além do mais, antigamente o sexo era para satisfazer o homem. Quem se importava se não fosse grande coisa para a mulher? Afinal, as mulheres têm os bebês e essa satisfação lhes basta.

Portanto, durante eras a imagem que fizemos do sexo foi a de um homem e uma mulher copulando. Tudo o mais é chamado de preliminares — o jogo que antecede o acontecimento principal, o sexo de verdade. Será que isso é justo? A idéia de que o coito é sinônimo de sexo não leva em consideração as necessidades e a satisfação sexual da mulher. Na verdade, a maior parte das posições sexuais ilustradas nos manuais tipo "como fazer" não leva ao orgasmo a maioria das mulheres.

"Você já fez *aquilo*?" "Você ainda não fez *sexo*?" "Você ainda é *virgem*?" "Ainda não *dormiu com* ela?" "Conseguiu *fazer*?"

Aquilo é o coito, *sexo* é o coito. *Virgem* significa quem ainda não copulou. Claro, você pode fazer tudo o mais com a cidade inteira e ainda será considerada "virgem". *Dormir com* é outra forma de dizer copular. Por que é tão difícil usar a palavra certa para esse ato sexual? É explícita demais? Demasiado EXPLÍCITA? Como é que se pode falar de algo tão explícito quanto o coito sem usar essa palavra? Isso para não falar que negamos completamente todas as outras formas de expressão sexual, tirando-lhes a importância, não as considerando dignas de serem chamadas de *sexo de verdade*.

Qual a solução? É hora de começar a dizer o que se quer dizer de fato. É hora de todos mudarmos o modo de comunicação sexual e dizermos as palavras certas para descrever o que pretendemos de fato. Se estivéssemos brincando de *adedanha* e "sexo" fosse uma categoria proposta, o "coito" seria apenas uma das respostas possíveis.

Não identifiquemos mais o coito como a única forma verdadeira de sexo. Em vez disso, libertemos a nós mesmos e às gerações futuras e tenhamos muitos atos sexuais prazerosos para optar — atos que se adeqüem ao nosso nível de maturidade emocional, física e espiritual. Que combinem com o tipo de relacionamento e com o nível de compromisso que se tenha. Que não nos coloquem em risco. Que satisfaçam mutuamente ambos os parceiros. Isso é que é sexo de verdade.

As mulheres são sexuais, não objetos sexuais

Descobri, quando adolescente, que gostava de me sentir sexualmente confiante e de não ter que esperar que Gary fizesse todos os avanços e tomasse todas as decisões sexuais. Gostava de me sentir bem em relação ao que a gente fazia e de achar que a gente fazia bem. Aprendi a reconhecer minha individualidade sexual e a ser parceira em pé de igualdade. Muitas das minhas amigas esperavam ser chamadas para praticar sexo — depois do jogo de hóquei ou da diversão com os amigos *dele*. Achavam que ser desejadas ou usadas era o máximo que podiam esperar.

Além disso, muitas praticaram o coito pela primeira vez com rapazes com os quais não conseguiam nem mesmo conversar ou nos quais não podiam sequer confiar como amigos. Saíam com rapazes que constantemente as punham de lado ou que só as viam nas noites de sábado, para uma ida ao cinema e sexo. Outras achavam que estavam apaixonadas, apesar de sempre haver discussões e rompimentos. Bem, isso acontece com a maioria dos jovens amantes, mas, quando as coisas iam mal com os namorados, quem elas procuravam para se consolar? Os amigos homens! Sabem, aqueles rapazes com os quais a gente sempre podia conversar de tudo, qualquer assunto, inclusive sexo. Esses rapazes nos tratavam melhor que nossos namorados. Era com eles que a gente se sentia segura, à vontade. Eu era a esquisita, a garota que achava estranho transar com alguém que não fosse realmente amigo. Por que não fazíamos sexo com os verdadeiros amigos?

Por que era tão pervertido ter uma experiência sexual com um amigo? Eu não falava mais sobre isso, mas pensava um bocado. Pelo menos teria mais sentido do que sair com algum Bráulio (perdoem o trocadilho) e transar com um estranho total. Mas essa idéia desafiava todas as noções românticas que as garotas continuavam a absorver dos filmes e livros de amor. Minha irmã teria se dado melhor caso o primeiro amante fosse também amigo dela. Todas as mulheres se dariam melhor se os amantes fossem também seus amigos.

Como aprendi que minha satisfação sexual era tão importante quanto a de Gary, tudo bem, eu a buscava. Estava gozando sem me preocupar com a possibilidade de engravidar! Acontecia o mesmo com Gary — nós dois estávamos ganhando. Aprendi mais uma coisa importante com toda aquela pegação e esfregação pélvica. Eu gozava esfregando um ponto localizado fora da vagina. Aconteceria o mesmo quando tivesse um pênis na vagina? Talvez. Não tinha certeza. E não tinha tanta pressa assim em descobrir.

A AUTO-ESTIMA SEXUAL REFORÇA O AMOR-PRÓPRIO

A AUTOCONFIANÇA SEXUAL INFLUENCIOU outros aspectos da minha vida. Foi um período em que me senti bem comigo mesma, no comando da minha vida. Sabia que minha mãe ficaria orgulhosa de mim, por ter descoberto como fazer sexo sem correr o risco de engravidar. Isso estimulou minha autoconfiança ao máximo. Sabendo que podia explorar minha sexualidade sem ferir ninguém nem desapontar aqueles que me amavam, sentia-me mais segura nas decisões. Mais tarde, já adulta, quando me vi em situações sexuais dolorosas, pude recordar aqueles momentos da adolescência, como os que passei com Gary, e recobrar um pouco da autoconfiança sexual. Se fui capaz de descobrir o meu caminho no meio de toda a confusão sexual da puberdade, certamente poderia enfrentar aqueles problemas como adulta. Tantas vezes a gente desiste ou acaba cedendo em situações de infelicidade sexual. Mas eu não fiz isso quando adolescente nem depois de adulta. Recorri à pequena mas poderosa semente de autoconfiança sexual ao longo de toda a minha vida adulta e em especial quando minha sensação de valor pessoal foi diminuída ou comprometida.

A pessoa a quem devia agradecer é minha mãe. Ela exerceu grande influência sobre as minhas atitudes como mulher e como ser sexual. Sempre me espantou como era fácil conversar com minha mãe sobre sexo, levando em conta o fato de que minha avó jamais falou com ela a esse respeito a não ser para envergonhá-la ou lhe incutir a idéia de que sexo era uma coisa suja. Lembro-me de minha mãe ter contado que às vezes, quando ela ainda estava aprendendo a andar, minha avó a acordava e cheirava seus dedos para ter certeza de que ela não estivera brincando com o próprio sexo.

Minha mãe quis ajudar as filhas a ter uma atitude melhor em relação a sexo e a se informar corretamente. Foi ela que me ensinou a preservar o valor e o amor próprios. Ela me ensinou a cuidar de mim mesma e a me preocupar mais com meu próprio bem-estar do que com o orgasmo do outro. Dizia coisas de grande sabedoria, por exemplo: *"Você pode ter ajudado uma ereção, mas não é responsável por sua manutenção."* Minha mãe tinha grande senso de humor e não hesitava em usá-lo. Passou muitas noites à mesa da cozinha não apenas falando comigo sobre sexo e auto-estima, mas também com minhas amigas e até mesmo com Gary. Ressaltava a importância da amizade nas relações amorosas, o que era bem visível na sua própria relação amorosa saudável com meu padrasto. Minha mãe, definitivamente, estava à frente de seu tempo e agora é a minha vez de carregar a tocha da confiança sexual e passá-la à geração da minha filha

*T*ODO MUNDO TEM DIREITO AO ORGULHO E À CONFIANÇA SEXUAL

APRENDI COM A EXPERIÊNCIA VIVIDA pela minha irmã — isso moldou minhas atitudes sobre sexo e me ensinou a importância de dar àqueles que amamos o direito à confiança e ao orgulho sexual.

Mas como ficar mais maduros em nossos pensamentos e comportamentos sexuais se escondemos a cabeça como avestruz toda vez que o assunto sexo é levantado? O conhecimento e a educação sexuais são as chaves para uma saudável auto-estima sexual. No entanto, aqueles que como eu defendem uma ampla educação sexual correm o risco de serem tachados de imorais ou inimigos da família, de serem responsabilizados pela decadência moral de nossa sociedade.

Sabendo que a verdade sobre o sexo tem tamanho poder e que a ignorância sobre algo tão poderoso é muito mais perigosa que o conhecimento, como podemos isolar a sexualidade dos outros sentimentos e necessidades humanos? De um maior conhecimento a respeito de sexo só pode resultar o bem.

Como ousamos classificar nossa sociedade de civilizada e solidária se deixamos que a sexualidade seja usada como instrumento político? Ou, pior, como permitimos que seja a base de grande parte do faturamento publicitário, enquanto nossos líderes religiosos pregam que devemos ser salvos dessa coisa maligna, o maior de todos os males? Será vergonhoso passar mais um dia, mês ou ano e, quiçá, um século evitando uma das mais importantes obrigações para com nossos filhos? Não entreguemos ao mundo a próxima geração com os mesmos erros que cometemos por causa do medo ao conhecimento sexual.

A auto-estima sexual influenciou outros aspectos da minha vida adolescente. Chefe de torcida, eu odiava que os esportes femininos não fossem encarados com a mesma seriedade que os masculinos. A gente nunca dava incentivo nos jogos das meninas. Uma vez propus às garotas que a gente fosse apoiar o time feminino de basquete e elas me olharam como cervos surpreendidos pelos faróis no meio da estrada.

A autoconfiança sexual teve grande impacto em todas as minhas atitudes. Fui a primeira garota a concorrer ao grêmio estudantil na minha escola. Era assustador, mas concorri assim mesmo. Fui eleita primeira vice-presidente. Se podia dirigir meus encontros com Gary no carro, tarde da noite, certamente poderia dirigir um grêmio escolar. Por muito tempo a sociedade disse que eu não podia ou não devia assumir a direção de coisa alguma, mas eu estava rompendo todas as regras e estereótipos.

ENSINAM AOS RAPAZES QUE O PRAZER SEXUAL É DIREITO DELES

NO MEU ÚLTIMO ANO DE COLÉGIO, rompi por um tempo com Gary e saí com o capitão do time de futebol. Alex era alto e bonito, mas eu não sentia muita atração por ele. Tinha o ar arrogante de quem fazia um grande favor em me convidar para sair. A pretensão estava escrita nele, dos pés à cabeça. Saí com ele assim mesmo, pensando que íamos ver um filme ou tomar um sorvete. Para minha surpresa, ele dirigiu direto para o *namoródromo* local e tentou me beijar. Fiquei furiosa. Se eu quisesse ficar com ele, teria dito. E falei que o encontro estava terminado.

Que choque! Alex ficou emburrado, o que me deixou com mais raiva ainda. Quem ele pensava que era? Sei muito bem quem *ele* pensava que era — o ídolo do futebol com direito a todas as garotas da escola e a decidir quando, onde e como fazer sexo com cada uma delas. Por que com a Suzi seria diferente? Seria ele quem levaria a chefe da torcida a "entregar os pontos" ou, pelo menos, fazer jus ao título. Achava que tinha mais direito ao meu corpo, ao meu sexo, do que eu mesma. Fiquei enojada com a sua postura, mais do que com o seu comportamento. O jogador tentou uma carreira decisiva e terminou esbarrando no bloqueio.

Como eu sabia da verdade, o que Alex poderia realmente fazer contra mim? Mas na segunda-feira corria por toda a escola o boato, como fogo em capoeira.

ALEX FEZ SEXO COM SUZI LANDOLPHI.

Não me lembro de alguma vez na vida ter sentido mais raiva, maior sensação de injustiça. Nada tinha acontecido, fora o arranhão no ego de Alex. Discuti com ele na escola e chamei-o de todos os nomes possíveis, tentando desesperadamente me agarrar ao meu poder. Senti-me como a menininha enfrentando o valentão (sabem, do tipo que segura a sua bola no alto da cabeça dele e fica gozando enquanto você tenta pegá-la de volta dando golpes no ar). Alex riu de mim e foi saindo; nunca mais nos falamos de novo. Felizmente, minha auto-estima ficou intacta. Tive a coragem e a tenacidade de me defender sozinha. Não consegui que se retratasse da mentira que andou contando, mas obriguei-o a me enfrentar cara a cara e sentir a minha força.

O SEXISMO É APENAS MAIS UMA ATITUDE RUIM

FIQUEI FURIOSA COM A ATITUDE SEXISTA de Alex e sua crença de que tinha direito ao meu corpo. Ainda tenho muita dificuldade com esse tipo de sexismo. Para mim, é absolutamente óbvio que nenhum dos sexos é mais poderoso que o outro. Da mesma forma, nenhum dos sexos tem mais valor que o outro. Temos todos o mesmo valor! O que mais precisa ser dito? Só aqueles que acreditam no próprio poder, controle e vantagem egoístas defenderiam qualquer outra coisa que não a igualdade de direitos entre os sexos. Homens e mulheres são diferentes, mas a diferença não denota mais valor ou menos valor. Na verdade, somos mais parecidos que diferentes. Mas, não sei por que, enfatizamos mais nossas diferenças que nossas semelhanças.

O sexismo é um ponto de vista e os pontos de vista são muito mutáveis, mas só se os sexistas quiserem mudar. Homens demais com atitudes sexistas estão no controle de gente demais há tempo demais. Esse desequilíbrio não prejudica apenas as mulheres, também os homens na sua busca do verdadeiro poder pessoal. Nada se consegue quando um grupo derruba o outro para subir. O verdadeiro poder não é controlar os outros, mas saber que todas as pessoas têm o direito inerente de controlar a si mesmas e suas próprias vidas.

Se deixarmos mesmo uma única pessoa exibir um comportamento sexista por termos medo dela, então tornamo-nos seus cúmplices. Podemos reorientar nossos próprios pensamentos, atitudes e comportamentos para não termos que nos defrontar com "fanfarrões". Podemos até passar a acreditar em suas atitudes sexistas e nos rebaixar nesse processo. Você não pode mudar as atitudes de outra pessoa, mas não tem que se acomodar ao comportamento dela. E sem dúvida pode dar a conhecer e fazer ouvir suas próprias atitudes em alto e bom som.

O comportamento no quarto não vai mudar enquanto um dos parceiros (ou ambos) não desistir das, ou parar de se curvar às, atitudes sexistas. A satisfação sexual só pode ser obtida quando cada um respeita o outro.

CONSTRUIR A VIDA SEXUAL EM BASE FIRME

MINHA IRMÃ, GARY, MINHA MÃE e o capitão do time de futebol, todos desempenharam um papel na formação das minhas atitudes sobre sexo e ato sexual. Foram os primeiros tijolos colocados nos alicerces sobre os quais seria finalmente erguido meu valor sexual próprio.

- Sexo não é apenas cópula.
- Todo mundo tem o direito de dirigir a própria sexualidade.
- Se não há amizade, não tenha relações sexuais.
- O sexo bem-sucedido é um processo gradual, passo a passo.

Capítulo 2

Criar relacionamentos em que os dois parceiros são iguais

Isso me parece óbvio!

O SEXISMO NÃO É SENSUAL EM PAÍS NENHUM

ERA 1974. ESTÁVAMOS NA AUSTRÁLIA fazia dezoito meses e era hora de voltar para casa. Mark, meu marido na época, não estava tão entusiasmado em voltar quanto eu. Ele tinha realizado um bocado de coisas, fizera amizades e dera um impulso à sua carreira. Eu também tinha realizado bastante, mas minha experiência na Austrália foi muito diferente.

Descobri que a Austrália era um país comandado por homens para satisfazer as necessidades e desejos deles. Poucas mulheres que conheci tinham carteira de motorista ou trabalhavam em tempo integral. A maioria nunca foi nem esperava ir à universidade. O homem era rei. Ele exercia o controle da família, do estilo de vida e do dinheiro. À mulher era concedida uma quantia para cuidar da casa. Depois do trabalho, a maioria dos maridos freqüentava bares onde não era permitida a entrada de mulheres para tomar uma cerveja com os amigos. Sempre achei estranho e desconcertante que os homens australianos usassem a palavra *companheiro* para se referir a um amigo, mas não chamassem suas mulheres de *companheiras,* como se fosse um sacrilégio uma esposa ser uma amiga. Aliás, o termo genérico para mulher usado na Austrália é *Sheila*, como se bastasse um nome para todas as mulheres. Na verdade, a Austrália não era um ambiente abertamente hostil e abusivo para as mulheres, mas sem dúvida as necessidades masculinas vinham em primeiro lugar. No casamento, definitivamente as mulheres não eram consideradas parceiras em pé de igualdade.

Mark florescia nesse ambiente, mas eu sufocava. Começamos a discordar nas crenças fundamentais sobre igualdade e casamento. Eu achava que ele realmente acreditava numa relação de companheirismo em pé de igualdade, mas toda vez que eu tentava me afirmar para atender às minhas necessidades e objetivos ele me derrubava. Meus desejos e aspirações de alguma maneira sempre interferiam no que ele pretendia. Sua carreira era sempre mais importante porque era ele quem "ganhava dinheiro". O tempo que passava no bar era sempre mais importante porque ele "dava duro o dia inteiro". Tudo bem que ele sentisse ciúme se eu conversasse com alguém, mas eu é que era tachada de "histérica" se manifestasse sentimento parecido.

Pensei: *Mark não era assim quando o conheci.* Deve ter sido a influência da cultura australiana, totalmente dominada pelo macho. Tinha certeza que nos entenderíamos melhor quando voltássemos à América. De volta aos Estados Unidos, planejava terminar a faculdade e cuidar, junto com Mark, da nossa filhinha Kyrsha, que era bebê. Quando chegou a hora de partir, nossos amigos australianos quiseram dar uma festa de despedida. Fiquei entusiasmada. Parecia que tinha passado anos grávida e agora, seis meses após o nascimento de Kyrsha, eu me sentia cheia de energia. Fazia pouco tinha cortado bem curto o meu cabelo comprido que ia até a cintura. Fiz um corte chique no salão mais elegante de Sydney. Estava pronta para dar adeus à Austrália e começar vida nova na minha terra.

A MULHER APRENDE QUE NÃO HÁ NADA DE MAIS EM SER DOMINADA

MARK E EU DIVIDÍAMOS UM CASARÃO de tijolos num subúrbio com John e Jane, australianos com quem fizemos amizade na primeira semana de Austrália. Eram casados mas não tinham filhos. Jane trabalhava como ajudante de enfermeira e John estava na área de vendas, não sei bem em quê. Ele não era muito de falar sobre o trabalho, pelo menos não comigo. Era um homem enorme, moreno, olhos penetrantes, personalidade atraente e muito franco. Da mesma forma que Mark, todos o admiravam e eles se davam como irmãos.

Jane, por outro lado, era calma e tímida. Foi educada de maneira muito religiosa e isso se revelava em toda a sua aparência. Seus belos cabelos ruivos, de um vermelho intenso e naturalmente cacheados, estavam sempre bem puxados para trás, afastados do rosto. Às vezes estavam tão presos que eu ficava imaginando se isso não a impedia de sorrir. Usava saias compridas e gola justa. Nenhuma parte de sua silhueta jamais era realçada ou revelada, especialmente seios e quadris. Por trás dessa fachada austera, porém, era uma moça muito gentil e dedicada que nunca hesitava em fazer coisa alguma por alguém que precisasse.

Era óbvio que John comandava o relacionamento. Sempre ouvia a sua voz tonitruante dando ordens à mulher, como um sargento chamando a atenção dos recrutas. Sabia que Jane sempre se curvaria às necessidades imediatas de John, quisesse ou não, mesmo se estivesse ocupada fazendo alguma outra coisa. Parava tudo para atendê-lo. Não tinha carteira de motorista e dependia de John para o transporte. *Sem carteira!?! Será que as australianas se esqueceram de queimar os sutiãs?!?* — pensava. Não ter licença para dirigir era mais uma forma de fazê-la sentir-se impotente. Embora Jane ganhasse quase tanto dinheiro quanto John, era ele quem controlava a grana e a distribuía como bem entendia. E não era só; ele tomava a maior parte das decisões na vida do casal. Não era o que se poderia chamar de um marido justo, igualitário.

*A*PESAR DA LUTA PELA IGUALDADE, AS MULHERES SE SENTEM BASICAMENTE MENOS VALORIZADAS

JANE ME AJUDOU UM BOCADO durante a gravidez e depois que o bebê nasceu. Foi ela quem me deu o apoio que faltava da família, que estava do outro lado do mundo. Jane e eu tivemos formações bem diferentes, mas tínhamos uma ligação inexplicável. Não hesitávamos em ajudar uma à outra. Eu me atirava ao trabalho de boa vontade para tornar o dia e a vida dela mais fáceis e ela fazia o mesmo por mim. Várias vezes eu a incentivei a tirar a carteira de motorista, particularmente quando John se mostrava inflexivelmente contra. Encorajei-a a voltar à universidade e tirar o diploma de enfermagem. John dizia que não tinham como pagar os estudos dela enquanto ele não terminasse os seus ou qualquer outra coisa que tivesse em mente.

Achava estranho que Jane e eu, que não tínhamos muito em comum, partilhássemos tantos valores e princípios. Mark e John pareciam muito chegados, mas não se ajudavam da maneira como eu e Jane fazíamos. Como é que eu podia saber o que alegrava Jane antes de John sequer desconfiar? Ele conhecia essa mulher fazia anos, era seu amante. Mas não dava atenção aos desejos dela de crescer e se sentir mais confiante. Por outro lado, instintivamente Jane dava a aprovação que eu precisava. Era o que eu esperava de Mark, supostamente meu melhor amigo e companheiro.

Jane e eu queríamos o que nossos maridos tinham! Queríamos ser tratadas como iguais e ter mais voz ativa sobre nossas vidas. Ela e eu mal nos conhecíamos, mas sabíamos como nos tratar com respeito mútuo. Nossos maridos, que diziam nos amar, tropeçavam aí. Sim, Jane e eu éramos do mesmo sexo e tínhamos empatia uma pela outra. E o mais importante na minha opinião: éramos duas pessoas lutando pelo poder e respeito pessoais.

À medida que se aproximava o dia da festa, Jane e eu passávamos mais e mais tempo juntas. Falávamos pouco da festa. Em vez disso, discutíamos nossos medos, objetivos, desapontamentos e desejos. No geral, nossas conversas giravam em torno das nossas relações conjugais e as razões pelas quais nossos companheiros pareciam não nos compreender. Eu pensava: *O que há de errado neste filme? Nossas necessidades são as mesmas deles! Será que ser mulher significa ser menos humana?*

Embora nossas situações fossem semelhantes, na opinião de Jane eu era a mais forte das duas. Quando Mark e eu discutíamos, eu me defendia sozinha e devolvia cada golpe. Afinal, não tive que pedir a autorização dele para tirar minha carteira de motorista e já estava no meio do curso universitário. Eu vestia o que queria e dizia o que tinha em mente. E tinha tanto direito aos recursos da família quanto Mark, embora ele pensasse diferente. Eu me sentia uma companheira em pé de igualdade, apesar de Mark não me tratar sempre como tal.

*T*EMOS QUE ENCONTRAR FORÇAS E INSPIRAÇÃO NA AMIZADE COM OUTRAS MULHERES

GRAÇAS A MIM, JANE COMEÇOU A se afirmar. Fui eu quem a inspirou ou, pelo menos, era o que ela achava. Jane queria profundamente ser ela mesma e, à sua maneira, também me inspirava. Foi a primeira pessoa, além de minha mãe, que me fez sentir orgulho de ser mulher. Não era uma pessoa estreita, mesquinha. Não era ofensiva ou sentenciosa. Estava sempre pronta para ajudar ou simplesmente oferecer sua boa vontade. As queixas não faziam parte do seu dicionário; simplesmente fazia o que era necessário com uma força serena. Tudo o que precisava era um pouco de estímulo para combinar essa força com seu talento e capacidade. Nós nos dávamos bem porque onde ela era forte eu era fraca e vice-versa. Ambas éramos criativas e apreciávamos o fato de ter que trabalhar duas vezes mais que os homens para obter a mesma atenção e reconhecimento.

Apesar de admirar outras mulheres, eu ainda sentia um ciúme ranheta em relação a elas. Parecia que as mulheres estavam sempre competindo com outras pela atenção masculina. A amizade de Jane foi a primeira indicação de que eu não precisava competir com outras mulheres. Queria que ela recebesse toda a atenção e consideração que merecia, porque era a sua maior admiradora. Ela era realmente um espantoso e transbordante reservatório de amor, força, beleza e inteligência.

Sempre ouvi dizer que as mulheres derrubam o próprio gênero feminino e pensava: *Como é que podem se odiar e ainda gostar de si mesmas?* Se odiamos nosso próprio gênero, colocamo-nos em competição com cada integrante dele. Assim jamais conseguiremos aceitar as qualidades maravilhosas do nosso sexo e é bem provável que jamais venhamos a gostar do sexo oposto. Ao contrário, se amamos nosso próprio gênero, é mais fácil construir grandes amizades de fato e permitir a nossos parceiros fazer amizade com o sexo oposto sem ninguém se sentir traído. Além do mais, quando amamos nosso próprio gênero, podemos compreender como outra pessoa pode amar alguém do mesmo sexo. Conseqüentemente, tornamo-nos mais abertos e mais tolerantes com o amor entre dois homens ou duas mulheres.

Essa nova admiração por alguém do meu sexo me surpreendeu como o diabo e passei muitas noites tentando entender minha nova atitude positiva em relação às mulheres e a Jane em particular. Quanto mais apoiava sua busca da auto-estima, mais confiante eu mesma ficava. *Ajudando outra mulher a construir sua autoconfiança, eu também estava indiretamente construindo a minha.* Quanto mais encorajava Jane a ser ela mesma, mais sentia minha própria força interior.

No dia da festa, Jane e eu discutimos o que íamos vestir. Eu tinha a fama de americana maluca que usava roupas *hippies* extravagantes e não tinha a intenção de desapontar nossos conservadores amigos australianos nesse derradeiro evento. Na verdade, eles gostavam da minha atitude escandalosa e não esperavam nada menos que isso.

Tinha comprado umas coisas novas para a viagem de volta à América: os sapatos de plataforma mais altos que pude encontrar, calças boca-de-sino e um casaco tipo militar. Era uma aparência rebelde e bem na moda que combinava com minha nova "tarefa". Eu me sentia ótima! Mas e Jane? Ela não tinha roupas extravagantes para a festa. A maioria das suas roupas era sem graça e quadrada demais para a sua nova atitude afirmativa. *Não eram boas o bastante*, eu achava. Com um pouco de estímulo, convenci Jane a se aprontar direito para os nossos convidados e, puxa, eles iam ficar surpresos.

Uma hora mais tarde, a campainha da porta tocou e os convidados começaram a chegar. A música estava alta, os Fosters girando no toca-discos. Para espanto geral, eu usava trajes atipicamente discretos e me sentia ótima com essa escolha. Esse eu *abrandado* era muito mais que uma aparência; era um gesto simbólico de amizade por Jane. Era a vez dela de atrair a luz dos refletores.

Mas onde estava Jane? Fiquei torcendo para que não tivesse mudado de idéia nem ficasse com medo de sua nova atitude afirmativa e voltasse à timidez anterior.

De repente, fez-se silêncio na sala. Jane estava de pé na entrada, todos os olhares voltados para ela. Tinha soltado o cabelo e alguns cachos caíam de um lado do rosto. Era uma figura tão extraordinária que de início os detalhes da roupa ficaram obscurecidos. *Aquele era o corpo de Jane?* Aquelas formas estonteantes estiveram sempre escondidas pelas roupas que não lhe caíam bem? Bela escultura, com simetria, bem-feita, lá estava Jane. Os seios eram visivelmente parte da figura e as pernas exibiam a força musculosa de quem estava acostumada, há anos, a andar até o trabalho e para todos os lugares. Afinal, parecia realmente orgulhosa de ser mulher. A nova Jane deslocou-se com graça pela sala, sob os olhares de todos. Seu rosto estava empoado e maquiado apenas levemente, o que deixava luzir sua beleza natural. Usava um vestido simples, um dos meus (mas, com toda sinceridade, nunca caiu tão bem em mim). Estava deslumbrante! Era a beldade da festa e uma surpresa para todos. Mas ninguém ficou mais surpreso que John. Ficou parado olhando para ela, o olhar radiante.

Tive orgulho de Jane e de mim mesma. Não queria competir com ela. Queria que ela fosse a mais bonita da noite. *Mas não é o que se espera de mim, querer que outras mulheres sejam mais bonitas.* Foi a primeira vez que eu quis ver outra mulher receber mais atenção. Meu novo modo de pensar me estarrecia. Comemorei com Jane sua nova confiança e senso de valor próprio. Eu estava feliz por ela, não apenas por sua beleza, mas por sua coragem. Jane estava no caminho para ser ela mesma. Havia superado uma grande barreira na luta pelo poder pessoal e essa conquista me estimulou a enfrentar minhas próprias barreiras com crescente autoconfiança.

Devemos criar atitudes justas sobre nossa sexualidade

Depois da experiência que tive na Austrália, não precisei mais competir com outras mulheres pela atenção de um homem. Claro que não gostava de ouvir um homem fazer comentários sexistas e muito menos de ouvir uma mulher dizer coisas maldosas e sexistas sobre outra. Não gostava de ver as mulheres usadas como objetos sexuais nas telas e na publicidade e, pior, que se deixassem usar como tais.

Sei que há mulheres que não se importam em mudar suas atitudes sexistas para com o próprio gênero feminino. E me entristece que essas mulheres ainda recorram a parâmetros masculinos para se auto-avaliar. Compreendo como deve ser assustador para algumas mulheres abandonar um pensamento que há gerações nos define como "dependentes", isto é, menos capazes do que os homens de assumir o controle da própria vida, quanto mais de uma empresa ou de um país. Claro que me amar como mulher não significa odiar os homens e não tenho que diminuir os homens para me sentir melhor com as mulheres.

Minha experiência com Jane me ensinou que não podemos construir relacionamentos íntimos mutuamente satisfatórios se os homens e as mulheres se sentem pegos numa armadilha de necessidades e desejos conflitantes e atitudes sexistas profundamente arraigadas. Para que cada mulher se sinta bem com aquilo que é, ela deve se sentir valorizada.

Homens e mulheres são ensinados a sentirem-se como adversários. Mas, uma vez que hoje estamos dividindo mais as responsabilidades no lar e no trabalho, precisamos superar a defasagem entre a velha maneira de pensar e a realidade atual! Sei que estamos nos esforçando para equilibrar nossas desigualdades oferecendo oportunidades às mulheres no trabalho, nos esportes, nas artes, no lazer, na escola, na religião e na saúde. Mas por que ainda relutamos em mudar nossas atitudes em relação ao sexo?

Quando uma mulher realmente valoriza sua sexualidade, fica muito mais confiante e aberta ao prazer sexual. Nunca conheci ninguém, homem ou mulher, que não apreciasse a idéia de ver o parceiro desfrutando e participando de forma mais plena do ato amoroso.

Homens e mulheres têm mais semelhanças que diferenças

COMO A MAIORIA DAS MULHERES, Jane e eu aprendemos a crer que as mulheres não querem as mesmas coisas que os homens. Esse conceito sempre foi para mim motivo de grande irritação. Não somos diferentes, mas apenas criados de maneira diferente. E essa suposta "diferença" impede que homens e mulheres sejam "iguais".

Posso aceitar as óbvias diferenças físicas entre homens e mulheres e mesmo algumas induzidas pela administração de hormônios, assim como as diferenças emocionais, mas estas são poucas e não tão imensas como a sociedade as torna.

Eis, na minha opinião, as razões pelas quais *não somos de planetas diferentes*:

- Fisicamente, nossas terminações nervosas não são femininas ou masculinas. As terminações nervosas em nossa pele e nos órgãos sexuais são do mesmo material. Por isso, as sensações de prazer, incluindo o orgasmo, não são nem masculinas nem femininas e têm, portanto, a mesma importância.

- Emocionalmente, nossos sentimentos, como tristeza, felicidade, raiva, medo e amor, não são femininos ou masculinos. São o que são: sentimentos! Se criamos nossas filhas na crença de que têm sentimentos diferentes dos meninos e que devem se comportar de modo diferente, não estamos dizendo a verdade, mas preparando meninos e meninas, homens e mulheres, para serem inimigos e não companheiros.

Ensinar meninos e meninas a gostar de brinquedos diferentes apenas ajuda a vender mais brinquedos. Ensinar os meninos a esconder seus sentimentos e não ser como as meninas (Deus nos livre!) nega aos rapazes a oportunidade de se expressarem e de desfrutarem a vida plenamente. E também reforça a noção errônea de que as meninas são mais fracas, vulneráveis e indefesas.

Acrescentem-se a esses conceitos errados as expectativas diferentes para meninas e meninos, que contribuem para promover o sexismo:

- Dizem às meninas que elas são mais fracas e devem se preocupar com a aparência e o corpo. Além disso, não são tão sexuais quanto os meninos, mas devem usar sua sexualidade para atrair um parceiro. Não devem ceder ao próprio desejo sexual, porque senão serão vistas como perdidas. No entanto, não é correto que condenem os rapazes. O que uma garota pode fazer?

- Os meninos, por outro lado, devem ser maiores e mais fortes e seu apetite sexual deve ser igualmente grande, forte. Devem pontuar no sexo como no esporte e têm direito à satisfação sexual. Também não há problema em se gabarem de suas experiências sexuais. Afinal, todo rapaz deseja um maior status de *garanhão*.

Esse sexismo e essa desigualdade generalizados levam a concepções equivocadas:

1. Os homens têm mais apetite sexual.
2. O sexo e o orgasmo são mais importantes para os homens.
3. As mulheres precisam mais de amor que de sexo.
4. As mulheres demoram mais a gozar.
5. Os homens e as mulheres são muito diferentes para se entenderem sexualmente.

Esses são os mitos sexuais mais destrutivos que nos incutem e que, simplesmente, NÃO SÃO VERDADE. Nosso apetite sexual não é de ordem hormonal, mas comandado pela paixão. O desejo sexual é uma combinação de fatores físicos e emocionais e, como já disse, homens e mulheres têm características físicas e emocionais semelhantes. No entanto, somos ensinados a acreditar que, por parecermos diferentes, sentimos e agimos de forma diferente — mas creiam: somos mais semelhantes que díspares. E quaisquer diferenças que de fato tenhamos devem ser vistas em pé de igualdade, não como fatores de inferioridade. Do contrário, estamos condenados a continuar sendo inimigos. A não ser que comecemos a construir uma sociedade com base em verdadeiro companheirismo, em igualdade, o preço a pagar pode ser mais um século de corações partidos e relacionamentos fracassados.

*A*S MULHERES PERMITEM QUE OS HOMENS SEJAM DIFERENTES E DEPOIS PASSAM A ODIAR SUAS ATITUDES SEXISTAS

ENTÃO, SE SOMOS MAIS SEMELHANTES que díspares quando crianças, o que nos faz mudar? A socialização. Por que, quando à procura de alguma coisa na geladeira, o homem não se curva abaixo da prateleira mais alta e não tira nada do lugar para olhar atrás? Se não estiver à vista, então não deve estar lá. Aí, o que acontece? Vem uma mulher em seu socorro. Ela se curva até embaixo, mexe em algumas coisas e descobre o tesouro enterrado pelo qual ele estava procurando. Em vez de deixar o homem se virar, a mulher sanciona sua inépcia ao fazer as coisas por ele. O homem não nasceu com essas inaptidões; ele é educado assim pelas atitudes culturais dos pais.

Recentemente, o filho da minha amiga Tina foi convidado para o primeiro casamento de sua geração de amigos. Quando o dia da cerimônia se aproximava, Tina lhe perguntou se ele já havia comprado o presente para os noivos. "Ainda não", respondeu ele. Então, Tina saiu, comprou um belo presente e ela mesma o embrulhou. Depois, percebeu que não teria tido esse trabalho se a convidada para o casamento fosse a sua filha. Chegamos nós duas à conclusão de que, ao fazer esse tipo de coisa para nossos filhos, estamos passando a mensagem de que comprar um presente de casamento é o tipo de tarefa para mulheres.

Essas não são características genéticas, mas aprendidas. Quando dermos às crianças mais oportunidades de aprender e realizar todo tipo de tarefa, homens e mulheres terão mais terreno em comum onde construir, inclusive uma base sexual comum.

O SEXISMO EQUIVALE AO RACISMO SEM O PROBLEMA DA COR

A ATITUDE DE JOHN, ASSIM COMO a de Mark, era puramente sexista. E, anos antes de ter o prazer de viver na Austrália, aprendi que o sexismo não tem cor nem fronteira. Metade da minha família é afro-americana, metade caucasiana. Meu padrasto é mistura de índio, negro e italiano. Se todos os meus parentes tirassem uma foto juntos, seríamos um cartaz em prol da diversidade.

Todos nós sofremos algum tipo de racismo, mas foi o sexismo que passou despercebido. Os negros da minha família tiveram a sua cota de discriminação racial na escola e no trabalho, de forma que me espantava ver esses mesmos homens fazendo comentários sexistas para as mulheres e as filhas. As piores atitudes na minha família eram dos homens brancos. Eles censuravam quem quer que ofendesse racialmente seus *irmãos* negros, mas não hesitavam em ofender sexualmente suas supostas *irmãs*.

Claro que as mulheres da família logo passaram a denunciar essa hipocrisia gritante, mas os homens se mostraram insensíveis e relutaram em mudar. Isso fermentou uma guerra civil doméstica que foi tudo, menos civilizada. As mulheres da família decidiram boicotar todas as tarefas que os homens consideravam "femininas". Lembro de ouvir minha mãe dizendo a meu padrasto que "a festa acabou" e que ela ia estabelecer novas regras na casa. O único homem que não teve problemas com nossa campanha pelos direitos femininos foi meu irmão *gay*. Ele entendeu!

Fico feliz em dizer que conseguimos evitar a guerra e negociar mudanças de atitudes e comportamentos de forma relativamente pacífica. Bem, na verdade não negociamos de fato; nós, mulheres, simplesmente batemos pé firme. Queríamos que os homens dividissem conosco as tarefas domésticas, mas, acima de tudo, queríamos ser tratadas em pé de igualdade. Afinal, trabalhávamos fora e nossos empregos eram igualmente valiosos para nós. Mas percebi que, para os homens mudarem, primeiro as mulheres da família tinham que mudar as atitudes em relação a si mesmas. As atitudes masculinas eram determinadas e instigadas em grande parte pela maneira como víamos a nós mesmas. Se eu não me visse nem agisse como "cozinheira e lavadeira", seria mais difícil os homens me tratarem como tal. Isso também me ajudou a ver como as mulheres ficam muito mais fortes quando agem todas juntas. Não apenas produzimos as mudanças que queríamos como também aprendemos a nos unir em um nível mais elevado, que nos dava mais poder do que conseguíamos simplesmente ajudando umas às outras a tirar a mesa depois do jantar. Passamos a nos respeitar como mulheres e a vida da família melhorou porque todos eram tratados com igualdade. Quando enfrentei a injustiça da vida familiar na Austrália, percebi que tinha de haver um outro caminho.

*T*EMOS QUE APRENDER A CONSTRUIR UMA BASE COMUM APOIANDO-NOS MUTUAMENTE

DE CERTA FORMA EU ENCORAJEI AS atitudes sexistas de Mark ao nutrir as suas carências, fazendo e arrumando as coisas para ele e, com isso, me perdendo. Eu achava que, se me esforçasse para que ele me amasse, nosso relacionamento voltaria aos trilhos. Ao mesmo tempo me ressentia como o diabo por ele não me valorizar nem apreciar meus esforços para preservar a nossa relação.

Sou uma nutriz. Gosto de alimentar os outros e sou capaz de fazê-lo sem esforço praticamente em todas as minhas atividades cotidianas. O que a palavra *nutrir* significa para mim? Significa ajudar outra pessoa a crescer e florescer, a progredir, física, emocional, intelectual e espiritualmente.

Mark amava minha capacidade de alimentá-lo. E não gostava apenas da comida e da faxina que eu fazia. Nem do meu instinto de deixar tudo de lado para socorrê-lo quando ele procurava algo na geladeira. Gostava do estímulo que eu dava aos seus sonhos, assim como das coisas que eu fazia para tornar mais amena sua existência, seu dia-a-dia. Mas era uma rua de mão única. Mark aceitava o alimento que eu lhe dava, mas não dava nada em troca — e eu ficava me perguntando por quê.

De novo, é aquela história de formação cultural, social. Como a maioria dos homens, Mark não sabia nem tinha talento para alimentar os outros. Não educamos os homens para alimentar porque consideramos essa uma tarefa feminina. Queria receber mais alimento de Mark, mas, como a maioria das mulheres, eu sabia estimular com alegria, e o fazia livre e espontaneamente, mas me sentia culpada ao pedir a mesma coisa para mim. Afinal, eu deveria ser a doadora, não a receptora. Era isso que eu tinha aprendido. Soa familiar para vocês? Como não me sentia merecedora de alimento, nunca poderia pedi-lo com convicção.

Depois da vida a dois com Mark, tornou-se muito mais fácil para mim pedir e aceitar alimento dos outros. Mas para chegar a esse ponto tive de acreditar que:

- Eu merecia ser alimentada.

- Era bom e saudável para meu companheiro ter a oportunidade de alimentar também.

- Eu podia ensinar meu companheiro a me alimentar antes que alguma culpa ou ressentimento se insinuasse na relação.

Se sou alimentada durante o dia, meu desejo sexual floresce à noite. O sexo prazeroso é um ato de nutrição. Se um dos parceiros não faz a sua parte da alimentação, o desequilíbrio acabará derrubando o relacionamento. Todo relacionamento deve ser um compromisso de nutrição mútua para poder prosperar.

Todos nós podemos aprender um pouco como nutrir e podemos ensinar uns aos outros transmitindo o que sabemos, exatamente como fazíamos na escola para exemplificar o que era estudado:

- Beijar com a idéia de alimentar a outra pessoa.

- Dizer um ao outro que vão alimentar a vida sexual do casal com palavras e atos estimulantes.

- Tocarem-se com o desejo de relaxar, não de excitar.

- Deixar que a excitação sexual surja da sensação de cada um de estar sendo nutrido.

- Estimular a autoconfiança sexual da outra pessoa.

NINGUÉM É RESPONSÁVEL POR SEU VALOR PRÓPRIO, EXCETO VOCÊ

COM MARK EU DAVA PARA receber, por medo de me sentir sem valor e por incapacidade de satisfazer minhas próprias necessidades. Em vez de me sentir amada, apenas afundei ainda mais na falta de auto-estima.

Em última análise, eu tinha a noção equivocada de que amar Mark me faria automaticamente amar a mim mesma. Errado! As mulheres, assim como os homens, sofrem uma lavagem cerebral para acreditar que, quando nos apaixonamos por alguém, esse alguém nos dá um sentimento de importância pessoal. Ora, se esse alguém nos deseja sexualmente e temos uma experiência sexual com essa pessoa, então automaticamente teremos a auto-estima de que tão desesperadamente precisamos. Esse foi mais um dos pequenos mitos da vida que me trouxeram grande confusão e desapotamento. Ao não me sentir digna de prazer e acreditar que era muito mais importante satisfazer Mark do que a mim mesma, eu sabotava qualquer tentativa de me satisfazer sexualmente e me sentia magoada. O que eu achava que me daria uma maior sensação de segurança só me fazia sentir menos amada.

É verdade que o amor de uma pessoa carinhosa e que se dá pode nos fazer sentir melhor com nós mesmas. Mas NÃO é responsabilidade dessa pessoa preencher a nossa carência de auto-estima. Cada um de nós é responsável por sua própria vida e pela maneira como a valorizamos. Ninguém tem o direito de diminuir o seu valor. Esperar que alguém a faça se sentir importante não é motivo para um relacionamento. Podemos AJUDAR a aumentar a auto-estima de alguém, mas não é responsabilidade nossa criar ou manter o valor próprio do outro.

Todos sabemos que devemos cuidar de nossos corações se quisermos viver uma vida longa e saudável. Sabemos que não podemos perder muito sangue, do contrário morreremos. Bem, dá-se o mesmo com a auto-estima.

Pense na sua auto-estima como você pensa no seu corpo. Imagine que pudesse ligar ou desligar o seu coração com um interruptor. Você não deixaria ninguém mais controlar esse interruptor nem daria a ninguém mais o direito de controlar qualquer de suas funções corporais. Como não daria a ninguém a responsabilidade de manter a sua vida ou o direito de tomar decisões sobre o seu bem-estar emocional.

O mesmo se aplica a sua realização sexual. Somos responsáveis por nossas opções sexuais e pela maneira de expressá-las. Ninguém pode fazer por você o seu dever de casa sexual, tudo o que você pode esperar é alguma ajuda e estímulo. Assim, se não está obtendo estímulo e ajuda, peça mais; ou procure um(a) parceiro(a) de verdade.

Capítulo 3

Autoconfiança sexual significa ser honesto consigo mesmo

Você merece!

A TRAIÇÃO SEXUAL TEM A VER COM SENTIMENTOS DE INADAPTAÇÃO

ERAM QUATRO HORAS DA MANHÃ e Mark ainda não havia chegado em casa. Pensei: A essa hora ele pode estar morto ou hospitalizado. Onde estará?! Não posso fazer isso de novo, está me matando. Quero que isso funcione, mas não posso viver assim. Por favor, venha para casa, Mark.

Ouvi umas pessoas rindo alto na rua, em frente à janela da minha sala de estar, no segundo andar. Morávamos em uma cidadezinha universitária, em Vermont, e era verão. Em geral havia muito pouco barulho no novo condomínio de pré-

dios de apartamentos, especialmente às quatro da manhã. Eu me levantei e olhei pela janela. Era Mark com algumas pessoas. Ele estava na carroceria de uma camioneta, com uma loura bem aconchegada a seu lado.
Acabou. É o "Fim" do filme. Essa história já deu o que tinha que dar. Fiquei triste mas aliviada. Estava calma.
— Mark!
Silêncio.
— Mark!
— Sim.
— Não precisa subir.
Saí da janela e fui até o fogão fazer uma xícara de chá. Pensei que provavelmente ele subiria de qualquer forma, mas não subiu. Em vez disso, partiu na carroceria da camioneta. Fiquei sentada em frente à janela, esperando o sol nascer e minha filha de um ano e meio acordar e me dar um abraço.

Passaram-se duas horas e Mark voltou para casa.
— Não fiz nada de errado! Por que está tão perturbada?
Ele não tinha feito nada de errado! Era a segunda noite seguida que passava fora, sem uma explicação ou desculpa. Estávamos num período de retomada do relacionamento após meses de separação. Mark deveria ser um novo homem, mais capaz de doação e de apoiar minhas necessidades e sentimentos. O ano anterior fora terrível e agora... isso.

Como é que ele poderia justificar um comportamento desses? Isso feria. Desde que saímos da Austrália, ele mudara. Eu não era mais sua amiga, era sua esposa, e meu dever era tornar sua vida mais fácil. Não estávamos sintonizando mais a mesma freqüência porque não valorizávamos as mesmas coisas. Sua liberdade era o mais importante na vida dele. A vida dele, não a nossa. Era um relacionamento de mão única que não levava a lugar algum.

Sentada na cozinha, chorei. Comecei a lamentar o fim do meu casamento. Mark continuou gritando comigo.

— Você está me sufocando. Por que não posso passar umas horas com meus amigos sem que você venha sempre se intrometer?

Como sempre, a culpa era minha.

Já eram sete da manhã de domingo e bateram à porta. Achei que não estávamos falando *tão* alto assim. Mark atendeu. Era o senhorio, que nem sequer morava no condomínio. Pensei: *Talvez fosse alto demais para Vermont.*

— Desculpem bater tão cedo, mas sua mãe ligou, Susan, para um recado urgente. — Como não tínhamos telefone, dei a minha mãe o número do senhorio para o caso de uma emergência. — Lamento ter que lhe dizer isso, mas seu pai morreu hoje de manhãzinha. Sua mãe pediu para não esquecer de dizer que foi o seu pai verdadeiro, não o seu padrasto.

Levantei e corri ao quarto de Kyrsha para arrumar suas roupas, depois corri ao meu quarto para fazer as malas, com Mark atrás de mim, tentando desesperadamente se desculpar, em pânico, com medo de que dessa vez tivesse ido longe demais. Eu ia para casa *sem ele.* Foi uma péssima manhã de domingo.

Eu estava desolada. A notícia da morte de meu pai e o que eu sentia como traição de Mark trouxeram à tona todas as mágoas da infância, desde a rejeição de meu pai. Nunca me senti amada por meu pai. Daí, meu medo maior era ser rejeitada por um homem. E a traição de Mark era a rejeição máxima. Meu pai fora um ditador. Dava ordens como se fôssemos soldados, criticando-nos por tudo. Quando criança, desejei desesperadamente o amor e a valorização por parte de meu pai, mas ganhei basicamente sua raiva e suas críticas. Quando eu era pequena, meu pai rejeitava e repudiava todas as crianças à menor infração. Claro, eu tomava essa rejeição como coisa pessoal e vivia com medo de que ele me abandonasse para sempre.

Lá estava eu, com 23 anos nas costas, sentindo novamente a mesma dor da infância. Tinha perdido o pouco de valor próprio que tinha e estava completamente abalada por essa deslealdade. Tentava dizer a mim mesma que as ações de Mark eram responsabilidade dele, mas a garotinha ferida dentro de mim continuava resmungando que era minha culpa também. Lutei com meus sentimentos de desvalorização durante meses, dia após dia. Até hoje, continuo a sentir as pontadas daquele mesmo medo infantil de rejeição.

A traição sexual de Mark foi como ser atingida por uma rajada de metralhadora. Senti um imenso buraco no coração do meu amor-próprio. Senti-me insegura do meu valor como pessoa e não confiava em meus pensamentos ou decisões sobre coisa alguma. A melhor coisa que pude fazer foi me concentrar no meu bebê e em suas necessidades. Ter Krysha me ajudou, porque ela dependia de mim e era a razão para eu me levantar e enfrentar cada dia da melhor maneira possível. Felizmente, voltei para a minha família, que me envolveu em amor e aceitação. Se meu marido não me amava nem me respeitava como uma pessoa de valor, pelo menos minha família sim.

Eu precisava construir minha autoconfiança com atividades que provassem meu valor e competência, mas ainda me sentia hesitante em confiar no amor e nas promessas de um companheiro. Percebi que confiança e honestidade eram as pedras de toque de qualquer relacionamento, especialmente entre pais e filhos. O legado da rejeição paterna tinha que ser admitido e provado se eu quisesse superar o pavor de ser traída e abandonada. Tentei enfrentar a dor do passado longínquo, mas aos 23 anos tinha que escavar fundo. Tinha alguma compreensão, mas poucos recursos emocionais. Levei muitos anos ainda para curar essas feridas da infância.

*C*OLOCAR AS NECESSIDADES DELE ADIANTE DAS MINHAS APENAS GEROU RESSENTIMENTO

PASSARAM-SE MUITOS MESES E Mark e eu morávamos separados, ele no nosso apartamento em Vermont, eu com Kyrsha na casa de minha mãe. Mark ainda não contara à família que estávamos separados, porque ainda acreditava que eu mudaria de idéia e superaria AQUILO — o que quer que isso significasse na cabeça dele. Implorou que fosse a Maryland com ele apenas por uns dias. Temia aparecer na casa dos pais sozinho, sem mim e a filha, e que sua família ficasse desolada. Relutante, concordei. Eu amava a família dele, eram muito bons para mim e Kyrsha.

Na casa do seu pessoal, fiz o papel da esposa zelosa, obediente, e até dormi na mesma cama com Mark, mas lhe disse que não haveria sexo. "Nosso casamento acabou", falei, e falei sério.

Na viagem de volta para casa, Mark insistiu para visitarmos Rick, seu melhor amigo dos tempos de faculdade, e a mulher, Ann. Tínhamos ido ao casamento deles, três anos antes, e não os víamos desde que voltamos da Austrália. Ou seja, eu teria que passar pela prova mais uma noite e de novo cedi. Fiquei pensando por que continuava cometendo o mesmo erro. Mais uma vez me deixei pressionar, aquiescendo aos desejos de Mark. Tinha pouca confiança em mim mesma para me manter firme e tomar decisões com base no meu próprio bem-estar.

Mark e Rick caíram imediatamente de cabeça na velha rotina: beber cerveja e ficar sentados no sofá assistindo a um jogo de beisebol. Kyrsha dormiu e eu fui ao cinema com Ann.

A caminho da cidade, Ann confessou que não era tão feliz com Rick como parecia. Precisava de algo mais na relação mas não disse o que exatamente. Estava muito confusa sobre o que fazer. Eu não quis contar a história da minha separação porque sabia que essa era provavelmente a última vez que eu veria Ann e Rick. Não conhecia Ann muito bem e sempre pensava nela como uma garota de pensão de moças de Ohio. Mas, à medida que falava, percebi que ela não era descuidada com a vida. Como eu, tinha um monte de perguntas sem respostas e estava desesperadamente à procura do poder pessoal. Não queria se acomodar como esposa obediente e companheira de segunda categoria do marido. Eu sabia exatamente o que ela sentia, mas suspeitei que havia algo mais. Ela não disse e eu não pressionei.

Quando nos sentamos no escuro do cinema para ver um filme de suspense um tanto assustador, Ann ficou fria e fisicamente perturbada. Tapou os olhos e afundou na cadeira. Coloquei o braço no seu ombro para lhe dar algum apoio físico e emocional. Eu me senti mal por ela. Estava muito mais perturbada com a iminente separação do que eu com a minha.

Mais tarde, quando voltávamos para casa, Ann desembuchou toda a verdade, contou qual era o problema. Não queria um relacionamento melhor, mais em pé de igualdade. Tinha se apaixonado por outra pessoa e essa pessoa era uma mulher!

Ela esperou que eu dissesse alguma coisa. E eu também. Ann estava apaixonada por uma mulher. *O.K.,* eu pensei, mas continuei sem dizer nada. Ela então passou a falar sobre essa mulher — uma mulher mais velha, maravilhosa, com vários filhos. De repente, começou a chorar. "Não se preocupe", eu disse. "Dê um tempo antes de fazer o que quer que seja. Fale com alguém, para ter certeza dos seus sentimentos. Não acho que é uma coisa horrível. Parece que ela é uma pessoa legal."

Ann ficou surpresa com minha reação um tanto neutra. Provavelmente não fiquei chocada porque meu irmão me contara recentemente que era *gay*. E uma vez, no colégio, minha melhor amiga disse que me amava; lembro que respondi: "Eu também amo você." Mas minha amiga explicou: "Não, eu estou *apaixonada* por você." Aí eu tive um fricote. Afinal de contas, estava apenas com 17 anos e era a chefe da torcida. Eu devia sentir atração e ser desejada pelo capitão do time de futebol e a gente sabe como é que isso acabou.

Dessa vez não tive fricote. Mantive a compostura e tentei consolar uma mulher muito assustada e confusa.

Mark e Rick ainda estavam acordados e em poucos minutos demos boa-noite e fomos para a cama. Entupido de cerveja, Mark pressionou para fazer sexo. Lembrei-lhe que nosso casamento tinha terminado. Além do mais, estava com raiva por ter aceitado fazer essa visita e com a atitude dele de se sentir no "direito" de fazer sexo comigo.

Passado um momento, ouvi Ann sussurrando à porta: "Por favor, desça, estou muito perturbada." Eu estava bem acordada e saí da cama devagarzinho para não acordar Mark.

Ann tinha decidido que não podia continuar aquela farsa de relacionamento com Rick. Ele era um bom sujeito, mas os desejos dela a impeliam em direção diametralmente oposta. Sentamo-nos no sofá, as pernas dobradas, queixo nos joelhos, para ficarmos bem perto e podermos cochichar. Percebi que Ann era muito parecida comigo. As duas estávamos lutando por nossa identidade, por nosso valor pessoal e por nossa sexualidade.

As mulheres se libertaram em muitos setores mas não em casa

NO COLÉGIO TINHA SIDO BEM mais fácil. Meu namorado, Gary, me encorajara a exercer o meu poder e me tratava como igual. Agora que estava casada, não era mais uma igual. Ao contrário, era tratada como uma propriedade. Minhas necessidades sempre vinham em segundo plano, depois das de Mark. Apesar de ser uma nova era para as mulheres e suas relações, ainda se esperava que em casa ficássemos no nosso lugar. Algumas coisas externas, porém, haviam de fato mudado. Por exemplo:

1. Já não se exigia que fôssemos virgens até o casamento.
2. Muitas de nós eram mães solteiras que cuidavam dos filhos e passavam o dia fora, no trabalho.
3. Cada vez mais mulheres entravam na universidade e buscavam um diploma, em vez do mero título de sra. Fulana de Tal.

Mas, apesar de termos queimado os sutiãs em 1970, nos comportávamos como se não tivéssemos rompido com aquelas velhas mensagens subliminares que nos impediam de agir em pé de igualdade nas relações de parceria. Tinha chegado a hora de homens e mulheres, tanto eles como elas, mudarem de atitude sobre o casamento e as expectativas e direitos envolvidos.

Sentada ali com Ann, lembrei-me de outros momentos semelhantes em minha vida com amigas que foram muito importantes para mim e que me deram amor, afeto e aprovação. Naquele exato momento fui dominada de repente por uma sensação de poder. Queria recuperar o poder pessoal que havia perdido no altar. Ann e eu decidimos que precisávamos ganhar alguma auto-estima e força para ir em frente com certas decisões duras. Dei-lhe boa-noite e subi para o meu quarto. Estava me sentindo mais livre do que me sentia há anos: livre para decidir o curso da minha própria vida, livre para ser mais quem eu queria ser, livre para me amar sem ter que ser amada por um homem. Até aquele momento, acho que não acreditava de fato que as mulheres têm o mesmo valor que os homens.

No dia seguinte, Mark voltou para Vermont e eu para a casa da minha mãe e do meu padrasto. Não houve mais farsa de casamento. Mark estava certo, afinal: eu não era sua amiga. E, se não era sua amiga, não queria ser sua mulher.

Nunca mais encontrei Ann e fico me perguntando o que aconteceu com ela. Mark e eu ficamos sem nos ver durante anos. Depois que nossos caminhos se separaram, ele se casou e se divorciou mais três vezes. O triste resultado disso é que Kyrsha continuou a enfrentar problemas de relacionamento com o pai.

A AUTOCONFIANÇA SEXUAL COMEÇA POR VOCÊ MESMA(O)

AQUELA NOITE COM ANN ABRIU meus olhos sobre meus sentimentos de valor. Em parte aprendi que precisava ser fiel a meus sentimentos. Ao ver o tormento de Ann para expressar seus sentimentos profundos, percebi como eu mesma estava sofrendo e como tentava encobrir o que sentia dentro de mim.

Aproveite esta chance para ser fiel a você mesma. Vamos investigar e avaliar quem você é sexualmente, como você vê o seu corpo, o que pensa de sua capacidade sexual e como a expressa. O exercício proposto aqui não tem julgamento de valor. Trata-se de descobrir como e quando você formou suas atitudes sexuais. Uma vez descoberta a origem dessas atitudes, será muito mais fácil mudá-las.

Considere as seguintes questões pensando na sua vida, da infância aos dias atuais, e examine com sinceridade o seu desenvolvimento sexual. Se quiser, escreva sobre os momentos importantes, faça uma espécie de diário, de relatório. Isso poderá ajudá-la a entender o medo e a vergonha que você associa à sexualidade.

1. QUAIS SÃO AS SUAS LEMBRANÇAS MAIS ANTIGAS SOBRE SEXO? Recue ao máximo no tempo e tente se lembrar de quaisquer incidentes que tenham influenciado seus sentimentos sobre sexo: brincadeiras sexuais consigo mesma(o) ou com amigo(a)s, percepção de imagens ou sentimentos de ordem sexual etc. Uma das minhas lembranças mais antigas remonta aos seis anos de idade. Meu primo, que tinha uns 12, estava me balançando no colo quan-

do minha irmã entrou na sala. Ela gritou com ele por fazer aquilo e aí me puxou de lado e falou que ele queria *se divertir de modo errado*. "Não seja tão tola", ela disse. Minha irmã sempre foi mais esperta que eu para perceber essas coisas!

2. **O QUE A FAMÍLIA LHE DIZIA A RESPEITO DE SEXO E MASTURBAÇÃO?** Isto é importante. Pense devagar como adquiriu suas atitudes sobre se tocar e se dar prazer. Muitas de nós tivemos uma mensagem negativa que permaneceu conosco e ainda nos influencia. No meu caso foi a seguinte: *Como posso me sentir à vontade com alguém olhando e tocando minhas partes íntimas se eu mesma sequer as vi e toquei? E, pior, se eu brincar com elas, olhá-las ou quiser ter satisfação sexual sozinha, sou uma depravada.*

3. **QUAIS AS MENSAGENS QUE VOCÊ RECEBEU SOBRE SEXO, SEXUALIDADE E O PAPEL SEXUAL DO SEU GÊNERO?** Nosso valor próprio está intimamente ligado às nossas atitudes sobre os gêneros masculino e feminino. O que você aprendeu sobre o fato de ser um menino ou uma menina e como isso a(o) influencia hoje? Para mim, a principal mensagem sobre o fato de ser menina foi esta: as garotas não devem ser sexualmente afirmativas, declaradas. Isso influenciou outros setores da minha vida, incluindo o trabalho e os relacionamentos pessoais. Realmente precisei mudar essa visão para poder criar minha própria satisfação sexual.

4. O QUE OS SEUS AMIGOS, A ESCOLA E A IGREJA DIZEM SOBRE SEXO? Essa é outra questão das grandes. Sou espiritualista e estudei muitas religiões. Aprendi que a maioria das religiões tem medo de lidar com questões sexuais de maneira positiva. Promover o medo e a vergonha só contribui para nossa incapacidade de tomar decisões de ordem sexual. Comecei a discordar de minha formação religiosa. Todas as religiões de nossa civilização — cristianismo, budismo, taoísmo, judaísmo, islamismo etc. — foram fundadas por homens para homens. Poucas religiões, se é que havia alguma, permitiam que mulheres participassem das cerimônias mais sagradas. Todos esses credos religiosos masculinos exerceram poderoso impacto sobre mim e as mulheres em geral. No fundo do meu coração, eu sentia que essas velhas crenças não eram verdadeiras para mim. Se continuasse a aceitá-las, jamais seria forte espiritualmente, que é o desígnio de Deus para todos nós. Quanto a mim, se uma religião valoriza a vida de um homem mais que a de uma mulher, então não é voz espiritual verdadeira.

5. QUEM PRATICOU COM VOCÊ COISAS SEXUAIS QUE A(O) FIZERAM SENTIR-SE BEM? Por favor, examine isso com calma. É muito comum a gente esquecer nossas experiências sexuais positivas. Uma das melhores que tive foi com minha melhor amiga, Diane. Muitas tardes a gente subia os três andares até o meu quarto, se enfiava na cama, as duas nuas, e se aconchegava uma à outra, fingindo ser amantes. A gente brincava de namorado e

namorada e cada uma fazia a vez de menino, apesar de nenhuma das duas querer estar na verdade com um menino. Aos dez anos, a gente não gostava de garotos, porque, dizíamos, "eles são uns grossos". Eu e Diane nos amávamos como crianças e experimentávamos de uma forma que não violava jamais nosso carinho uma pela outra. Lembro de nossas brincadeiras como uma experiência sensual e amorosa. Esse inocente descobrimento sexual foi feito com amor e amizade, coisas que muitos adultos não valorizam o bastante.

6. QUEM PRATICOU COM VOCÊ COISAS SEXUAIS QUE A(O) FIZERAM SENTIR-SE MAL? Essas lembranças podem ser dolorosas para algumas pessoas e pode ser que você queira conversar a respeito com alguém que sirva de conselheiro em um ambiente seguro. Fui molestada por um amigo da família, bêbado, quando tinha dez anos e, acreditem, não poderia desfrutar o sexo como faço hoje se não tivesse conversado sobre isso e superado esse incidente.

7. IDENTIFIQUE ALGUNS MITOS E CONCEPÇÕES EQUIVOCADAS QUE APRENDEU NA INFÂNCIA E DESCUBRA COMO ELES INFLUENCIAM SUAS ESCOLHAS SEXUAIS. Foram tantos no meu caso, a maioria ligada ao papel sexual da mulher — como nos satisfazemos sexualmente e como o sexo deve ser maravilhoso. Os homens são encorajados a ter prazer sexual. Essa é uma coisa boa para eles porque pode ajudá-los a se orgulhar do gênero masculino e de sua própria sexualidade.

Mas tenho que dizer que às vezes a afirmação sexual masculina pode ser agressiva demais se expressa de maneira egoísta ou abusiva. As mulheres, por outro lado, ainda são tidas como menos sexuais e precisando menos de satisfação sexual. Somos ensinadas a conter nossos desejos sexuais e a usar a nossa sexualidade para atrair e dominar a atenção dos homens. As mulheres devem resistir e negar e os homens são condicionados a ir atrás e pegar. Quando descobri a verdade sobre as mulheres e a sexualidade, tive que rever as mensagens sujas e as imagens distorcidas sobre as relações sexuais, em especial o coito.

8. DE QUE SITUAÇÕES OU PENSAMENTOS SEXUAIS VOCÊ AINDA SENTE VERGONHA? Se você sente vergonha de alguma coisa, fale com alguém. Tente compreender o problema e então trace um plano para mudar a situação. Dê a si mesma(o) a oportunidade de abrir caminho para um novo começo. Gaste tempo examinando seu passado sexual para poder criar um presente melhor e vislumbrar um futuro saudável.

Auto-estima e autoconfiança começam com um prefixo que significa *por si próprio(a), de si mesma(o)*, quer dizer, você. O primeiro passo para construir a auto-estima e a autoconfiança é fazer de você uma prioridade. É preciso investir tempo e energia na construção diária de sentimentos de valor próprio. E isso não vem de fora para dentro. Embora outros possam estimular a sua confiança, você deve fazer todos os esforços para ser seu mais importante e fundamental estimulador. Você tem que acreditar em si, nos seus talentos e capacidade. Aconteça o que acontecer, você deve ser o seu melhor amigo, chefe de torcida e treinador. Acima de tudo, você deve ser seu próprio pai ou sua própria mãe.

Ninguém tem mais direito sobre seu corpo ou seu sexo do que você

MARK SEM DÚVIDA ACHAVA QUE tinha direito sobre mim e meu corpo mesmo depois que nosso casamento acabou. Para ele foi duro aceitar a idéia de que meu corpo estava sob minha jurisdição, porque na sua cabeça isso equivalia a perda de poder. Também foi difícil para ele abandonar a crença de que tinha controle sobre a minha vida em geral.

Como a maioria dos homens, Mark aprendeu que ele tinha maior apetite sexual que as mulheres e eu aprendi a ser o objeto de satisfação desse apetite. No entanto, *os homens não têm direitos sobre os corpos das mulheres*. Antes de mais nada, os corpos das mulheres são para o próprio prazer delas.

Recentemente, conversei com um homem sobre os três propósitos principais dos seios da mulher, em ordem de importância. Ele concordou com o primeiro: alimentar os bebês. Mas o segundo já era uma idéia estranha para ele: o segundo propósito dos seios da mulher é dar prazer a ELA. E o terceiro é dar prazer ao parceiro.

— Espere aí! — disse ele. — Como é que os seios dão prazer a ela?

Realmente não achei necessário explicar, era tão óbvio para mim.

— O seio tem terminações nervosas, pele, e ela tem mãos. Quando se toca, ela sente prazer. Exatamente como você sente prazer quando toca o seu pênis.

Isso deve esclarecer tudo, pensei. Mas não. Ele continuou a argumentar comigo, questionando se os seios podem realmente dar prazer à mulher.

Então percebi! Ele não gostava do fato de que os seios e a genitália femininos pertencessem de fato às mulheres e não aos homens. Era da ordem que ele não gostava, não do propósito: o prazer da mulher vinha antes do dele. Ele foi ensinado a crer que o homem tem direitos sobre os seios da mulher antes mesmo dela. Afinal, os seios não estão acostumados a vender de tudo? Não estão acostumados a ser o excitante máximo dos homens?

Este seio é para você! — grita o anúncio.

Não! Meus seios são meus!

É hora de equilibrar a "balança dos direitos". Enquanto não fizermos isso, homens e mulheres serão sempre sexualmente desiguais. Qualquer parceria só é tão forte e bem-sucedida quanto o poder de ambos os parceiros. Se as mulheres forem tratadas com desigualdade, a parceria nunca terá pé firme. As mulheres podem fazer muito mais por sua própria satisfação sexual quando acreditam que têm esse direito. Enquanto as mulheres deixarem os homens dominá-las sexualmente, por acreditarem que eles são mais poderosos ou têm mais apetite sexual, os relacionamentos continuarão a sofrer e ninguém se sentirá satisfeito.

Lembre-se: toda mulher é dona do próprio corpo. Nenhum homem tem direito sobre ele.

TIVE QUE SER HONESTA COMIGO MESMA PARA ADQUIRIR AUTOCONFIANÇA

ADQUIRIR ORGULHO E CONFIANÇA SEXUAL é um processo que dura toda a vida e requer compromisso e educação. O que exige muita auto-análise e avaliação pessoal. Significa que devemos examinar velhas crenças e estar dispostos a modificá-las com informação correta e novas atitudes. Para criar uma vida sexual mutuamente satisfatória, cada parceiro deve investigar para valer seus bloqueios e medos que atravancam o processo e sabotam o resultado.

A revelação de Ann me ajudou a descobrir que ser honesta comigo mesma era uma grande barreira a superar. Tinha que admitir que estava sendo desonesta comigo e com Mark sobre quem eu era sexualmente e o que precisava na nossa relação. Eu parecia sexualmente confiante, tranquila e satisfeita, mas no fundo estava amedrontada, presa e até fingia orgasmos. Não podia admitir que minhas ações sexuais físicas não tinham ligação verdadeira com o que eu sentia emocionalmente. Eu fingia ter conhecimento sexual e mantinha minha vida espiritual o mais afastada possível da minha vida sexual. Era sexualmente desonesta comigo mesma e com meu parceiro.

Mentia para mim mesma em muitas coisas, inclusive o fato de que usava o coito como meio de me sentir querida e necessária, para preencher minha falta de amor-próprio e me sentir importante e desejada. Usar o coito dessa forma não era honesto em termos de amor e respeito nem comigo nem com Mark. Fiz grande esforço para negar minha mentira. Tentei superá-la, passar-lhe a perna, escondê-la, mas por fim tive que ser honesta comigo mesma. Eu era uma mentirosa. Estava sendo desonesta e tinha que parar. A mentira não era sobre o que Mark não estava me dando, mas sobre o que eu mesma não me dava. Eu não me dava o respeito que merecia e estava realmente furiosa por ser sugada dessa forma para esse círculo de desonestidade. Se eu não queria que Mark nem ninguém se sentisse com direitos sobre mim e minha sexualidade, então tinha que interromper minha participação nessa farsa de que estava tudo bem. Eu mentia sobre meus sentimentos sexuais, era eu quem mentia para mim mesma e para meu parceiro.

Uma vez admitida minha desonestidade na vida sexual, pude ver as outras maneiras pelas quais mentia para mim mesma, sobre minha carreira, minhas amizades, minha família — em suma, em todos os setores da minha vida. Foi uma autêntica e tradicional bola de neve. Fui lançada num forte jato de autolimpeza. Claro, a primeira emoção que senti depois de admitir minhas mentiras foi vergonha, o que de início apenas aumentou minha falta de amor-próprio. Então, tive que fazer o que qualquer pessoa deveria quando admite um erro e de fato se arrepende dele: perdoei a mim mesma. Chamo isso de *anistia sexual*. De fato me perdoei e prometi jamais tentar novamente mentir para mim mesma ou outra pessoa. Então dei o passo seguinte para mudar meus caminhos insinceros e pedi desculpas àqueles a quem havia mentido. Por fim começava a me sentir mais feliz em ser mulher. Descobri em mim uma sensação de poder que enriqueceu todos os setores da minha vida.

- Parei de questionar o meu valor. Sabia que era capaz de fazer mais porque minha auto-estima batia como um coração novo dentro do meu peito, me impulsionando a fazer e ser mais.

- Parei de criticar meu corpo. Todas as imperfeições dele foram eliminadas por meu novo amor-próprio.

- Passei a me tratar melhor porque realmente acreditava que merecia melhor tratamento.

- Celebrei minha sexualidade não a utilizando para inflar o ego. Coloquei meus objetivos sexuais no mesmo plano dos meus objetivos emocionais e espirituais.

CAPÍTULO 4

A masturbação ensina como o corpo funciona sexualmente

Que alívio!

TEMOS QUE SER NOSSOS PRÓPRIOS PRIMEIROS AMANTES

ESTAVA COMPLETAMENTE SÓ. Mark e eu havíamos terminado. Não tinha que fingir para a família ou amigos dele que ainda estávamos casados. Era solteira de novo aos 25 anos, estudante universitária em tempo integral e mãe de um bebê de um ano e meio. Era verão e eu estava morando com minha mãe e meu padrasto.

Kyrsha dormia no berço e eu me estirava na cama perto da janela, apreciando as estrelas e desfrutando a fresca brisa marinha da Nova Inglaterra. Há quase um ano não tinha qualquer contato sexual, nem com Mark nem com ninguém. Sentia minha tensão sexual subindo e estava confusa e com raiva por causa disso. Confusa porque, com os diabos, o que eu deveria fazer? Com raiva porque sabia o que Mark estava fazendo com sua tensão sexual. Tivemos uma boa vida sexual durante algum tempo. Ele era um bom amante e tinha muito apetite sexual, como eu. Na Austrália experimentamos um vibrador, mas fiquei com medo que John e Jane ouvissem os gemidos do aparelho ou, pior, a minha gemeção.

Eu sempre gozava quando fazia sexo com Mark, mas só se eu ficasse por cima. Da mesma forma que aconteceu com Gary, aprendi a estimular o clitóris me esfregando e deslizando no pênis ereto de Mark, mesmo quando ele estava dentro de mim. Não me lembro de falar então em "clitóris", mas pelo menos sabia que meus orgasmos se originavam naquele ponto. A experiência não era muito diferente da que tive com Gary no seu Fusca. Tinha que empurrar com força para baixo e deslizar para a frente e para trás, mas eu era jovem e atlética e tudo bem.

Mas e agora? Eu me recusava a sair para "transar". Além do mais, sabia que não me sentiria à vontade com um estranho, montando-o como um potro xucro para meu próprio prazer. Levei dois anos para me sentir à vontade com Mark. Nenhuma "transa" de uma noite produziria a mesma segurança emocional e sexual, pelo menos para mim.

As estrelas brilhavam muito essa noite. A fresca brisa oceânica acariciava minha pele, me arrepiando com seu toque suave, e eu estava tão frustrada sexualmente. Lembro que pensei: *Deve ter algo que eu possa fazer. Me masturbar. De jeito nenhum!* Que vergonha! *Mas de quem sinto vergonha? DE MIM MESMA?!? Ora, grande! Estou com vergonha diante de mim mesma.* Isso era uma tolice; e comecei a rir. Nenhuma das minhas amigas fazia isso. Ou fazia? Claro que a gente não falava sobre masturbação, que dúvida!

Tudo bem. Tinha que considerar essa idéia de maneira racional. Intelectualmente eu sabia que a masturbação era normal, legal. Era uma opção à mão e que resolvia a situação sem me colocar em nenhuma situação comprometedora. Além disso, não tinha que sair da cama, me vestir, ir a um bar fumacento e barulhento, encontrar um monte de gente bêbada em busca de transas e acabar no assento traseiro de um Camaro com algum estranho. Que tal se eu tivesse um orgasmo depois de tanto tempo? Não apenas seria uma completa perda de tempo como me sentiria ainda pior.

Sempre achei espantoso que a gente aceitasse tão rápido uma pessoa estranha como amante antes de conseguirmos ser amantes de nós mesmos. O que me ensinaram foi que a masturbação é pior do que fazer sexo com uma pessoa *estranha*. Como é que podia ser? Não era lógico, não fazia sentido.

As crianças têm orgulho de aprender as coisas por si mesmas. Quantas vezes já não ouvimos um pirralho de dois anos pedindo: "Deixa eu fazer"?

Eu queria tanto assumir esse "deixa eu fazer" quando era jovem, da mesma maneira que experimentei o sexo no banco traseiro do carro do meu namorado, mas tinha medo demais. Medo de assumir responsabilidade pelo meu prazer sexual!? Naquela época, sem dúvida, eu assumia em tudo a minha responsabilidade, inclusive na escolha do namorado. Sabia que queria me expressar sexualmente. Tinha alguma idéia do que me dava prazer; no entanto, lá estava eu, deixando outra pessoa tomar toda a iniciativa. Felizmente, afinal fiquei esperta e montei nele para poder me mexer direito até gozar. No entanto, a idéia de me tocar, de tocar minha própria genitália, era para mim uma coisa pervertida. *Dar prazer a mim mesma?* Será que eu gostaria que Gary escovasse meus dentes, assoasse meu nariz ou me limpasse no toalete? Não! Então por que deixaria um estranho preencher minhas necessidades sexuais antes que eu mesma o fizesse?

Tinha que fazer de mim mesma minha amante para poder me aceitar e aprovar meus desejos sexuais. Tinha que aprender a exercer o controle da minha sexualidade e tinha que me livrar de toda a vergonha e culpa adquiridas a respeito da masturbação. Quer dizer, tinha que me tratar com o máximo respeito e não deixar que ninguém me derrubasse ou me usasse como objeto sexual. Em outras palavras, tinha que aprender a me amar antes de tentar amar outra pessoa.

O QUE HÁ DE TÃO TERRÍVEL COM A MASTURBAÇÃO? EU VOU LHE DIZER!

PARA INÍCIO DE CONVERSA, É... desconcertante. Por quê? Todo mundo zomba da masturbação.

Em segundo lugar, a maioria das religiões diz que é pecado. Esqueçam isso. Minha religião também ensina que se divorciar é pecado. Em outras palavras, minha mãe iria para o inferno por ter-se divorciado do meu torpe pai verdadeiro, mas este, que não era católico, teria passagem livre para o paraíso! Que piada. Minha mãe era uma santa; meu pai era um tirano emocionalmente desequilibrado. Portanto, para mim, isso não fazia muito sentido. Por que eu deveria então acreditar na condenação católica da masturbação? Não acreditava mais.

Em terceiro lugar, a sociedade diz que a masturbação é para os perdedores e pessoas que não encontram parceiros sexuais. Eu sabia onde encontrar parceiro sexual; simplesmente não queria um parceiro naquele momento. Queria um orgasmo.

Uma quarta razão é a suposição de que as mulheres não devem se masturbar porque sua necessidade de satisfação sexual é menor que a do homem. Pensei: *O que há de errado nisso? Eu tenho um forte desejo sexual. Será que sou mais macho que fêmea?* Ou será que essa foi uma das grandes mentiras que nos enfiaram goela abaixo? Devo ter me tocado quando criança. Via minha filha agarrando a virilha toda vez que trocava suas fraldas. Obviamente ela gostava de se tocar. E lembro que me esfregava com minha amiga Diane quando pequena. Aquilo deve ter sido semelhante à masturbação.

Então, voltando à idéia inicial: na verdade deviam ser meu próprio embaraço e falta de experiência que estavam me bloqueando.

Prazer sexual não é privilégio de um dos sexos

EU ESTAVA EMBARAÇADA PORQUE tinha uma concepção equivocada fundamental. Havia aprendido que as mulheres não precisam nem gostam de sexo tanto quanto os homens. Desde que me divorciara, essa teoria tinha perdido o sentido, porque eu vivia necessitada sexualmente.

Conhecia homens que não se embaraçavam com a masturbação. Isso porque a maioria dos homens é em geral ensinada a *amar* suas partes íntimas. Eu sempre digo que os caras têm muita sorte nesse particular. Claro, há piadas, zombaria e embaraço relativos ao tamanho e à atividade produzida, mas no final das contas os homens são encorajados a ter orgulho de seu órgão viril. São acostumados a tomar banho juntos, urinar em mictórios coletivos e aceitar sem problemas a nudez uns dos outros. É um rito de passagem para superar a vergonha genital e ter confiança na própria virilidade. Claro, nem todos os homens sentem-se igualmente à vontade ou têm a mesma confiança sobre o próprio pênis, mas pelo menos a sociedade lhes dá algum estímulo, o que por sua vez diminui o embaraço e aumenta o orgulho masculino. Ainda fico espantada com a facilidade com que a maioria dos homens se despe e desaba na cama de braços e pernas abertos quase sem vergonha nenhuma.

As mulheres sem dúvida podem ser mais abertas com a sua feminilidade. Mas a experiência de ficar à vontade com a própria genitália são outros quinhentos. Poucas de nós se recordam de ter visto as próprias partes quando crianças ou adolescentes, quanto mais de ter visto as de outra. Tomamos banho separadas, urinamos na privada e nos vestimos por trás de cortinas.

O prazer sexual não é direito exclusivo dos homens. O prazer sexual é uma atitude e uma atitude deve mudar antes que o comportamento possa ser alterado para acompanhá-lo. Temos que aprender a amar cada parte de nós e de nossos corpos para podermos ter prazer sexual.

Recordo quando minha filha estava no primeiro grau, numa escola particular. Eu era nova e ainda não participava do meio, mas queria me envolver. Trabalhava durante o dia, por isso não podia ir às reuniões de mães, que eram realizadas em dias de semana. Em vez disso, quando eu podia, ia às reuniões de pais, que se realizavam aos sábados. De todo modo, eu era muito mais hábil e experimentada nos programas de pais, como levantamento de fundos, esportes e projetos de reforma e conserto.

Quando fui à primeira reunião de um programa de reforma (até comprei minhas próprias ferramentas), me disseram: "A coisa não é tão divertida como você está pensando." Isso não me surpreendeu. Em geral é o que dizem quando querem excluí-lo da igrejinha.

Acontece o mesmo com o prazer sexual. O prazer sexual não é um clube exclusivo a que os homens têm mais direito de acesso que as mulheres. O orgasmo é gostoso a sós ou com outra pessoa. E todos têm direito a freqüentar esse clube. A masturbação não é uma agressão a seu parceiro ou ao relacionamento; é uma afirmação do seu direito ao prazer sexual. Se está vivendo um relacionamento, não esconda o fato de que procura satisfação sexual a sós. Você não está enganando seu parceiro consigo mesma! Sempre fale a verdade sobre sua vida sexual. Se a rotina sexual de vocês não satisfaz a ambos, então mudem a rotina. Se o parceiro não mudar, então diga-lhe que você está mudando sua atitude e comportamento. O prazer sexual começa com uma atitude que celebra o direito a dar prazer a nós mesmos. E, da mesma maneira que minha experiência na escola da minha filha, temos que nos lembrar de usar nossas próprias ferramentas.

Mas quais eram minhas ferramentas? Decidi descobri-las. Não me importava o que a sociedade ou a religião decretavam sobre a masturbação. Era a minha melhor opção. Pensei: *Não deve ser tão difícil assim. Se os caras podem fazer, as mulheres também podem.*

Igualdade significa ter o direito de se masturbar e se sentir sexualmente satisfeita. Se posso controlar minha própria conta bancária, trocar o óleo do meu carro, começar uma carreira e ser mãe solteira, sem dúvida posso cuidar do meu próprio orgasmo. Ou não?

A essa altura, tinha puxado o lençol até o pescoço e estava decidida a fazê-lo. Onde começar? Talvez devesse procurar alguma coisa para me esfregar ou, quem sabe, podia usar mesmo a mão. *Oh, não! Minha própria mão, não!* Isso ia ser mais difícil do que eu pensava.

Fiquei ali pensando. *Deixei outras pessoas tocarem a minha virilha — várias, na verdade — e isso não pareceu me preocupar. Por que é tão difícil para mim tocar a minha virilha com minha própria mão?* Não conhecia nenhuma daquelas pessoas nem de longe como conheço a mim mesma. Para ser totalmente sincera, eu me sentia pouco à vontade e embaraçada quando deixava alguém me tocar. Ficava preocupada com possíveis odores ou excesso de lubrificação. Será que outras mulheres ficavam tão ensopadas quanto eu ou tão embaraçadas?

Então, se nunca me senti nem um pouco à vontade com a maioria das manipulações da minha vulva, não admira que também não me sentisse à vontade com meu próprio toque! Todo toque lá me deixava pouco à vontade. O que não quer dizer que eu não sentisse prazer, que não ficasse satisfeita, mas isso era sempre acompanhado de embaraço.

SE VOCÊ NÃO GOSTA DA SUA GENITÁLIA, NÃO VAI ACREDITAR QUE OUTRA PESSOA GOSTE

POR QUE AS MULHERES SEMPRE sentiram vergonha do próprio corpo? Fiquei imaginando quando essa vergonha e esse incômodo começaram e por que a maioria das mulheres parece ser tão mais inibida que os homens com a própria genitália. Mark nunca teve vergonha de agarrar o próprio pênis ou, aliás, de me fazer agarrá-lo. Não é fato que o pênis seja mais bonito que a vulva ou melhor de pegar. Por que era tão difícil para mim manipular minha genitália?

É porque eu não gosto dela. Esse era o problema. Como a maioria das mulheres, eu a achava grosseira, feia, vulgar. Não conseguia tirar da cabeça todos aqueles comentários que ouvia na escola sobre o cheiro de bacalhau da vagina. Eu me encolhia ao ouvir todos aqueles nomes terríveis usados para descrever o buraco negro e fundo que as meninas têm no meio das pernas. Era humilhante, intimidador. Nunca soube como responder a isso.

Talvez eu cheirasse igual a peixe! Talvez aquilo lá embaixo fosse feio mesmo, malcheiroso. Afinal, nos banheiros de algumas amigas minhas havia duchas. Não sabia como reagir a isso. Não podia zombar do pênis ou dos testículos de um garoto porque nunca tinha visto! Além disso, os meninos tinham orgulho de suas partes íntimas e faziam comentários favoráveis a respeito. Mas as garotas nunca falavam de suas partes. Minha mãe me falou sobre a genitália dos meninos e das meninas, mas, no geral, a genitália feminina era tida como uns lugares escuros, secretos, que na verdade ninguém conhecia direito.

Quase todos se lembram de algum incidente na infância relacionado à percepção inicial das diferenças entre as partes íntimas dos meninos e das meninas. Pode ter sido brincando na banheira, trocando as fraldas de um bebê, nadando nus ou, como eu, indo com outras crianças ao toalete no primário. Isso provavelmente impressionou você — em especial pela maneira como os adultos lidaram com a coisa. Você pode ter ouvido coisas do tipo: os garotos têm um "pintinho", um "pirulito", um "piu-piu" ou, mesmo, um pênis; as garotas, bem, as garotas não têm. O quê? As garotas não têm! Minha introdução às diferenças macho/fêmea foi esta frase: *as garotas não têm!* O que aconteceu com o nosso? Por que não temos um?

Tateando, as garotas sentem alguma coisa lá, mas é pequeno e escondido. E, claro, ninguém nos ajuda a ver o que há lá ou a compreender o que é. Por fim, ouvimos a palavra *vagina*. No meu caso, pensei que diziam "caixinha".

Uma garotinha que eu conhecia não conseguia dizer "vagina"; dizia "minha china". Sua avó achou isso uma gracinha e costumava dizer à criança: "Não deixe os meninos brincarem com a sua china, senão eles quebram a louça e você não vai ter onde servir o jantar." Claro, isso era engraçado para os adultos, mas deixava a garotinha em pânico toda vez que um prato quebrava. Essa mesma mulher disse ao filho para parar de brincar com seu "pirulito", senão ela o cortaria fora. Geralmente ilustrava a ameaça agitando uma tesoura no ar.

Essas coisas podem ter parecido espertas e inocentes à época, mas para as crianças desencadeavam um processo de pensar em sexo com base no medo e na vergonha.

Para as meninas, era algo especialmente assustador. Caçoavam de nossas vaginas, do lugar escondido onde entra o pênis. Estava na primeira série quando um menino me contou que os bebês eram feitos colocando-se o pinto de um menino na coisinha da menina. Claro, fiquei horrorizada. Corri para casa em lágrimas, esperando que mamãe desmentisse aquilo. Para minha consternação, ela confirmou a informação. Eu disse: "Não é justo! Eu não tenho um piruzinho para brincar e fazer xixi. Só tenho um buraco para o menino enfiar o pinto." Também ninguém jamais disse a palavra *uretra* nem me ensinou nada sobre o *meu* aparelho urinário; também não disseram a palavra *clitóris* nem me contaram que é feito do mesmo "material" que um pênis.

Achamos que as crianças não podem compreender a verdade, por isso lhes damos explicações errôneas, incorretas, esperando que quando crescerem será mais fácil entenderem. Na verdade é um milagre que a gente consiga um dia entender direito essa coisa de sexo. Não admira que muitos dos meus amigos, mulheres e homens, não gostem de sua genitália. Sei que isso parece ridículo e talvez você esteja pensando: "Não posso dizer realmente que gosto da minha, mas e daí?"

Às vezes, pessoas que nos amam conhecem melhor as nossas partes íntimas do que nós mesmas; por isso é realmente importante conhecer e gostar da própria genitália. Muitas vezes rejeitamos o prazer do sexo oral porque não gostamos de nossas partes íntimas, do seu cheiro ou suposto gosto desagradável. Nossa incapacidade de observar o ato de amor pode ter origem na inibição de observar o próprio sexo. É por isso que tantas mulheres têm dificuldades em se masturbar. Como podemos *curtir* uma parte do nosso corpo que aprendemos a desodorizar, empoar e lavar com um jato forte como se fosse uma suja boca de esgoto? A masturbação pode nos ajudar a apreciar nosso órgão genital e a superar a vergonha que nos impuseram.

Detestar qualquer parte do nosso corpo afeta em muito o quanto gostamos de nós como pessoas. Detestar as partes que usamos para nossas experiências mais íntimas e agradáveis limita o amor e a intimidade que se pode partilhar com outra pessoa. Temos que amar nosso órgão genital assim como precisamos nos amar.

As mulheres têm que saber como se excitar sexualmente

EU AINDA OLHAVA AS ESTRELAS, fazendo a contagem regressiva para o início da missão masturbatória. Um óbvio desagrado com a minha vulva tinha se revelado. Decidi que era hora de superar essa falta de autoconfiança feminina, de amor-próprio. O que diria Gloria Steinem? "Masturbe-se, moça, e depois candidate-se a presidente dos Estados Unidos." Em vez disso, disse a mim mesma: *Vamos lá, Suzy, comande a sua própria torcida. Esse embaraço pode ser superado pelo desejo de independência e o orgulho de ser mulher.* Eu me analisava e, ao mesmo tempo, respirava fundo para relaxar.

Fechei os olhos porque ainda me sentia meio hesitante e não estava pronta para olhar. Pus a mão suavemente sobre a calcinha. *Tudo bem, estou aqui.* Comecei a esfregar, procurando o ponto exato que me dava orgasmo. Esfreguei, esfreguei, sentindo de vez em quando uma fisgada de prazer. Minha cabeça começou a se desviar e me vi pensando no que teria que fazer no dia seguinte. *Grande!* Não conseguia sequer manter o interesse naquilo. Pensei: *Não funciona.* E estava a ponto de desistir quando me lembrei do que acontecia quando fazia amor com Mark: eu pensava em SEXO e coisas sexuais! Eu me concentrava no desejo que ele tinha por mim e em como era bom se sentir amada. Na verdade, geralmente eu estava excitada antes mesmo que ele me tocasse. Meus pensamentos antecipavam a sensação verdadeira. Sim, beijar ajudava, mas em geral antes mesmo que nossas bocas se tocassem eu já estava molhada e cheia de desejo.

Entendi! Era minha atitude mental, mais do que o toque efetivo, que me excitava. Minha mente estava no comando antes mesmo das preliminares. Tinha que parar de pensar no que devia fazer amanhã e pensar em sexo, em fazer amor com alguém — qualquer pessoa. Claro que eu podia pensar como seria. *Vamos lá, Suzy, comece logo isso!*

Comecei a alisar e esfregar outras partes do meu corpo. Tive alguma excitação aquela noite, mas não gozei. Também não consegui ficar de pé da primeira vez que fiz esqui aquático, mas fui pegando a técnica.

Daí em diante, continuei meu auto-aprendizado do meu corpo e do que precisava para chegar ao orgasmo. Precisava de toques suaves, macios, nos peitos e nas coxas antes de tocar o clitóris. Tinha que pensar num encontro sensual e sexual com alguém. Gostava de estar com algumas roupas e ir enfiando a mão devagar por baixo delas, tocando minha pele.

Noite após noite fui me aproximando mais e mais do orgasmo, descobrindo onde precisava ser tocada com mais firmeza e exatamente que pontos davam maior sensação. Logo descobri que meu clitóris era mais sensível do lado direito que do esquerdo. *Nada mau,* pensei, *considerando que é um clitóris tão pequeno, que mal tem um lado direito ou esquerdo.* Percebi também que se o pequeno capuz de pele que cobre a cabecinha, ou glande, era puxado para trás, o clitóris ficava quase sensível demais ao toque. Também, quanto mais excitada, mais meu clitóris e lábios da vulva intumesciam e endureciam. *Para mim, isso parece um pênis!* Em vez de saliva, preferia minha própria lubrificação vaginal para deslizar melhor os dedos, o que aumentava minha excitação. Quanto mais me aproximava do orgasmo, mais tensos ficavam meus nervos. Minha mão e meus dedos apertavam mais, trabalhavam mais vigorosamente na vulva. Eu suava e ofegava, minha vagina e meu útero pulsavam. Era diferente de copular ou deslizar para cima e para baixo no pênis de Mark. Na verdade, era uma sensação mais intensa. Meu clitóris e toda a região pélvica ficavam em fogo.

Continuava a esfregar, tomando o cuidado de tocar do lado certo do clitóris. Todo o meu corpo ficava duro feito rocha, os músculos rijos na expectativa da explosão. Seria esta noite! Eu queria esse orgasmo — não apenas para alívio sexual, mas para conquistar minha independência. Queria gozar por uma questão de auto-estima e liberdade sexual.

Meu braço e minha mão começaram a se cansar e eu estava ensopada. *Não pare agora!* Estava decidida a ir *até o fim* desta vez. Fiquei ali, beirando o orgasmo, um tempo que pareceu durar horas mas que na verdade foi de apenas alguns minutos. Continuei falando para mim mesma: *Relaxe, deixe vir o prazer. Eu mereço esse orgasmo, esse gozo. Afinal, o corpo é meu, esse sexo é meu e eu preciso assumir o comando deles e curti-los.*

Dei mais umas esfregadas bem naquele pedaço de carne duro e inchado chamado clitóris e deixei que ele guiasse minha pelve e todo o meu corpo num intenso orgasmo longamente adiado e merecido.

Não sabia o que era melhor, o orgasmo mesmo ou a sensação de tê-lo conseguido. Infelizmente, não havia ninguém com quem partilhar esse novo sucesso. Que frustrante! Tinha apenas aprendido a me masturbar e podia até me gabar disso.

Então, Mark, você pode pegar a sua queridinha da camioneta e se danar. Não preciso da sua idiotice nem da sua falta de solidariedade para me satisfazer.

POR BAIXO DESSES CORPOS ESQUISITOS NOSSOS ÓRGÃOS SEXUAIS SÃO MUITO PARECIDOS

APRENDI UM BOCADO NESSES exercícios de masturbação, mas a coisa mais importante que aprendi foi que os órgãos sexuais dos homens e das mulheres são semelhantes, ainda que não pareçam.

No ventre da mãe, os órgãos sexuais de todos os fetos têm de início a forma feminina. No terceiro mês mais ou menos é que os órgãos masculinos começam a despontar, mas as terminações nervosas já estão formadas tanto nos machos como nas fêmeas e permanecem as mesmas a vida inteira. A principal concentração dessas terminações nervosas genitais nos meninos é no pênis e, no caso das meninas, no clitóris. Portanto, os centros do orgasmo estão localizados, nos homens e nas mulheres, exatamente no mesmo ponto, do lado de fora do corpo.

No caso dos homens, as terminações nervosas irradiam-se para o escroto, os testículos, o ânus e a base do pênis, mas sua concentração mais poderosa fica na ponta do pênis, nos cinco centímetros da glande. O resto do pênis está ali para sustentar esses importantíssimos cinco centímetros!

Ocorre o mesmo com as mulheres. A maior concentração de terminações nervosas está localizada no clitóris, que fica exatamente acima da abertura vaginal, em ponto equivalente ao do pênis. As terminações nervosas irradiam-se para os lábios vulvares, o ânus, a abertura e o interior da vagina.

Ahá! Homens e mulheres têm centros de prazer sexual no mesmo ponto do corpo e todos precisamos que esses pontos sejam esfregados e tocados para ter orgasmo. Também temos emoções semelhantes e as mesmas necessidades de amor e respeito. Quanto mais percebermos as nossas semelhanças, mais fácil será encontrar e construir a compatibilidade.

SOU RESPONSÁVEL PELO MEU ORGASMO E VOCÊ PELO SEU

GRANDE! APRENDI COMO ME satisfazer sexualmente. Levou um tempo, mas aprendi. Também aprendi a gostar dos meus órgãos genitais. Eles funcionavam direito, me davam prazer, não eram feios ou grosseiros e não cheiravam mal como todos diziam. Pensem nisso: como é que não vemos os homens sendo objeto de zombaria por seus órgãos sexuais não cheirarem tão bem assim?

Eu devo ter me masturbado sempre que podia. Só parava quando meu clitóris ficava sensível demais ao toque, quando a roupa me incomodava. Ainda tinha certa vergonha e embaraço, mas estava superando isso.

A revelação que tive com a masturbação me levou a outras atitudes sexuais que precisava explorar. O alívio sexual era mais importante para os homens? As mulheres precisavam se masturbar tanto quanto os homens? A masturbação não mudou todas essas atitudes de imediato, mas era mais um tijolo no meu alicerce sexual recém-lançado. Precisava questionar todas as atitudes sexuais que não me ajudavam a ser mais confiante e satisfeita sexualmente.

Por exemplo, sempre achei que o homem é que se encarregava do meu orgasmo. Sabia que tinha de ajudar, mas de certa forma acreditava que os orgasmos eram parte do ato sexual com um homem, com ele dentro ou fora. E, apesar de poder gozar copulando, achava que algo não ia muito bem comigo quando não conseguia gozar deitada de costas.

DAR PRAZER SEXUAL A SI MESMA(O) É COMO SE DAR UM TAPINHA NAS COSTAS, SÓ QUE UM POUCO MAIS EMBAIXO

NO FINAL DAS CONTAS, PASSEI a encarar a masturbação de outra forma. Não era algo a fazer quando não conseguia parceiro. E me senti aliviada por não ter que optar por *transas* de uma noite, em que aliás não havia a garantia de que teria um orgasmo.

Por que todo esse problema, afinal? A masturbação não me tornava mais promíscua nem maníaca sexual. Não me induzia a orgias e bacanais, à perversão sexual. Não achava que estava fazendo nada contra Deus ou outro ser humano. Estava me dando prazer, fazendo amor comigo mesma. Estava aprendendo a cuidar de mim sexualmente, assim como cuidava dos meus dentes, das minhas roupas, do meu rosto, do meu corpo, do meu cabelo, das minhas contas, das minhas tarefas domésticas, da minha filha, do meu carro e de tudo o mais que me pertencia e era responsabilidade minha. Era outra forma de expressar minha sexualidade, uma atitude de senso comum para obter satisfação sexual.

Quantas vezes desejamos que alguém importante para nós nos faça um elogio ou nos diga que agimos bem, que somos pessoas legais e muito queridas? É uma sensação maravilhosa que experimentamos menos do que gostaríamos.

Por que é tão diferente disso dar prazer sexual a si mesmo? Um elogio é um elogio, mesmo que você o faça a si mesmo. Sinto a mesma coisa a respeito da masturbação. É uma homenagem à própria pessoa, como se você se dissesse:

Gosto de você, amo você. Você merece amor e carícias e toques sexuais. Adoro fazer amor com você e não tenho vergonha de admitir isso. Farei o que você gosta e não verei isso como algo ruim ou um desvio.

Não hesitaríamos em dizer isso a nossos parceiros. Então, por que tratar a nós mesmas com menos amor que a nossos parceiros?

MASTURBAÇÃO NÃO É E NÃO DEVE SER TRATADA COMO UMA PALAVRINHA DE QUATRO LETRAS

NA VERDADE, são onze letras. Tudo bem eu me masturbo. Aí está, disse o que tinha que dizer. E nada de mau me aconteceu por causa disso. Ainda sou uma boa pessoa, de moral. Ainda sou uma boa mãe. Ainda estou muito apaixonada pelo meu parceiro e ainda temos uma ótima vida sexual.

Todas nós fomos levadas a sentir culpa e vergonha pela masturbação, mas é uma boa saída e manifestação da nossa sexualidade. Fomos ensinadas a depender de outra pessoa, de um estranho, para aprender sobre nossos corpos e como eles funcionam. Algumas de nós se sentem desanimadas porque seus parceiros não descobrem nunca seu centro de prazer ou, pior, nem se preocupam com isso! O que temos de fazer é nos dar permissão para descobrir como é que gozamos — como é que temos orgasmo sozinhas. Isso é tão simples e, no entanto, tão importante para a nossa confiança e satisfação sexual!

Como a maioria dos jovens, eu na verdade acreditava que copular com alguém antes de estar pronta para isso era melhor do que me masturbar. De onde foi que tirei essa idéia? Dos filmes, dos romances, das telenovelas e da publicidade que usa sexo para vender tudo, de aspirador de pó a automóvel. Avançada como era minha mãe, ela nunca me disse: "Aliás, Suzy, tudo bem, e é melhor aprender a se satisfazer sexualmente antes de praticar o coito. Para mim não há nenhum problema se você se masturbar." Gostaria que ela tivesse dito isso. Mas acontece que eu também não falei isso para minha filha. No entanto, quando Kyrsha tinha 20 anos, encorajei-a a explorar essa área de sua sexualidade e ela o fez. Poucos meses depois, teve sucesso — conseguiu um orgasmo! Não importa quão satisfatórios sejam ou venham a ser seus relacionamentos, continua importante para ela descobrir como dar prazer a si mesma.

A HISTÓRIA DA MASTURBAÇÃO, OU COMO NOS DESILUDIMOS

ENTÃO POR QUE E DE ONDE vem essa aversão a aprender como nos satisfazer sexualmente? Bem, vamos examinar a história da masturbação. Não faz parte do currículo secundarista nem é cadeira universitária, mas tenho certeza de que, se fosse oferecida, as aulas estariam sempre lotadas todo semestre.

Em uma civilização religiosa, percebeu-se que controlando a atitude e o comportamento sexual das pessoas se adquiria poder sobre grande parte de suas vidas. Além disso, a melhor maneira de controlar atitudes é através do medo, da vergonha e da culpa.

Portanto, não é de surpreender que, sem a informação correta, tenham se desenvolvido mitos sobre a sexualidade como forma de controlar o comportamento das pessoas. De todos os atos sexuais, a masturbação foi o primeiro a ser atacado e reprimido. Na Idade Média, a Igreja proibia a masturbação e a condenava como altamente pecaminosa. Santo Tomás de Aquino condenou-a por não atender à procriação.

Em vários momentos de nossa evolução social, a masturbação foi acusada de produzir um sem-número de males, tais como: doenças da pele, epilepsia, incontinência urinária noturna, ombros caídos (acho que isso só ocorre se seus braços são curtos demais para alcançar o órgão sexual), cegueira, depressão, loucura, tuberculose, asma, reumatismo, dor de estômago, impotência, crescimento de pêlos na palma das mãos, raquitismo, perda de vitalidade, histeria e suicídio. Como é que se esqueceram de dentes tortos?

No século XVIII, o médico suíço S. A. Tissot disse que o sêmen era o fluido mais vital do homem e que a sua perda (através da masturbação) drenava a vitalidade do corpo e deixava-o suscetível a doenças. De novo o medo da doença. Um cirurgião americano concordou com Tissot e era tão contrário à masturbação que inventou um alimento matinal que acreditava eficaz para diminuir o apetite sexual. O nome desse médico era John Kellogg e o alimento que inventou foram os flocos de milho. O dr. Kellogg também recomendava costurar o prepúcio com fio de prata para tornar a masturbação dolorosa. Para as mulheres, recomendava queimar o clitóris com ácido.

Mas a campanha contra o prazer solitário não terminou aí. Ainda por volta de 1940 estávamos longe de tolerar a masturbação: um aspirante da Marinha podia ser expulso da Academia Naval dos Estados Unidos se fosse pego se masturbando. Acho que o aspirante surpreendido seria considerado estúpido demais para servir à Marinha. E, se você acha que a comunidade médica tinha melhor compreensão de nosso impulso natural para a satisfação sexual, está enganada(o). Em 1959, mais da metade de todos os estudantes de medicina norte-americanos acreditava que a masturbação causava doença mental, e é por isso que um em cada cinco acadêmicos de medicina ficava doido.

Infelizmente, nossas atitudes em relação à masturbação não amadureceram muito. Ainda fazemos piada disso e rimos sem graça quando o assunto é levantado. Há pouco, o secretário de Saúde dos Estados Unidos acabou perdendo o cargo por admitir a masturbação e sugerir que fosse discutida abertamente com as crianças nas aulas de educação sexual.

Caso você não saiba, a masturbação não causa doença alguma. Mas continuamos a ter mitos a respeito. Como os seguintes.

- Masturbação é apenas para quem não consegue encontrar parceiro.

- A maioria dos homens se masturba.

- Se você se masturba e tem parceiro(a) sexual, sua relação está com problemas e você não está satisfeita(o).

- Masturbação não é sexo de verdade.

- A masturbação leva a perversões sexuais e a um apetite sexual incontrolável.

Tudo isso é falso. Se algumas pessoas não estão satisfeitas com sua vida sexual e se masturbam às escondidas ou não contam ao parceiro que o fazem, o problema não é com a masturbação e sim com a relação, que não se baseia na sinceridade mútua. Há pessoas que se masturbam de modo doentio, mas isso não torna mau o ato em si. É sinal de que essas pessoas ainda têm atitudes sexuais doentias. A masturbação, como qualquer comportamento sexual, ou, aliás, qualquer outro comportamento, pode escapar ao controle da pessoa e não estar mais em suas mãos (perdoem o trocadilho). Na verdade, os problemas que ocorrem com a masturbação geralmente acontecem por causa da indescritível vergonha e sentimento de culpa que ela desperta. Algumas pessoas podem ter problemas emocionais e usar a masturbação de maneira pouco saudável, mas para a maioria é uma manifestação sexual saudável e natural.

Boas novas sobre a masturbação

AGORA QUE JÁ VIMOS OS PRECONCEITOS sobre a masturbação, vamos às boas novas:

Ela nos ensina como funcionamos sexualmente e como atingir o orgasmo de maneira segura, de modo que ninguém possa se aproveitar da gente ou nos usar para seu próprio prazer sexual.

- Ela nos ajuda a avaliar nossa sexualidade e nossos órgãos sexuais e a não ficarmos superembaraçados ou com medo de nossos sentimentos sobre sexo.

- Ela nos ensina a assumir responsabilidade por nossa própria satisfação sexual.

- Ela nos ajuda a perceber que somos todos semelhantes em termos de necessidades sexuais e, ao mesmo tempo, diferentes em matéria de gostos e preferências sexuais.

- Ela ajuda a aliviar a tensão sexual e o estresse emocional. A masturbação produz endorfinas que nos fazem sentir mais satisfeitos e relaxados. Essa sensação de bem-estar também ajuda a fortalecer nosso sistema imunológico.

- Masturbar-se até gozar torna a genitália mais forte e saudável para os anos de velhice.

- As mulheres que se masturbam levam menos tempo para se excitar, têm mais orgasmos, mais desejo sexual, mais amor-próprio e mais satisfação sexual com o cônjuge.

Estão surpresos com essa nova e positiva visão sobre a masturbação? Podemos mudar nossas atitudes sobre um ato sexual com tão longa história de negatividade e vergonha, mas isso leva tempo e exige esforço. Dar explicações sobre a masturbação a alguém que se ama não é tão difícil como pode parecer, especialmente se você acredita que é uma manifestação sexual saudável. Esse é o segredo. Vamos trazer a masturbação para a luz do dia e discuti-la honesta e respeitosamente como parte valiosa de nossa sexualidade. A masturbação não é um horrível e degradante substituto do coito. É uma expressão sexual privada que precisa de apoio e compreensão públicos. É um ato sexual valioso que fortalece a autoconfiança e a auto-estima.

*E*U SEI COMO EU FUNCIONO. E VOCÊ?

REFORMULAR A MINHA ATITUDE a respeito da masturbação foi uma das mudanças isoladas mais importantes no meu caminho para o orgulho e confiança sexuais. Foi um passo rumo à autoconfiança. Tinha que me apoiar em mim mesma para obter satisfação sexual. Não me masturbava com amargura ou ressentimento ou por estar só. Esses fatores podem ter encorajado a experiência, mas não a alimentaram. Eu me masturbo porque:

1. Sei onde fica o meu clitóris e onde é bom tocá-lo e esfregá-lo.

2. Sei onde ficam as áreas de prazer nas partes mais escondidas do meu corpo.

3. Sei do que preciso sexualmente nos diferentes momentos dos meus altos e baixos emocionais.

4. Sei como é a abertura e o interior da minha vagina.

5. Senti minha vulva endurecer, intumescida de sangue, à medida que aumentava minha excitação.

6. Sei como e quando os meus sucos fluem e mudam de consistência durante o ciclo menstrual, com a oscilação hormonal.

7. Sei que o estresse e um corpo exausto podem bloquear meu desejo sexual.

8. Sei o que é necessário para me concentrar no meu prazer.

9. Reconheço diferentes tipos de orgasmo e gozo cada um por sua singularidade.

Descobri que gostava de me fazer gozar e de amar a mim mesma. E é o que vou fazer pelo resto da minha vida sexual.

Capítulo 5

Todos precisamos mais de amor e compreensão do que de sexo

Você não precisa se fazer de capacho para ser amada(o)!

Saiba o que você quer e, então, não aceite menos

Era um belo fim de tarde da Nova Inglaterra. O verão foi repleto desses crepúsculos ou, então, eu é que estava prestando mais atenção neles. Fui passar as férias em casa, mas, ao contrário da maioria dos colegas de faculdade, não saía todas as noites para festas com meus antigos amigos do secundário. Nem sabia onde a maioria deles estava. Já fazia seis anos que eu concluíra o secundário e minha vida tinha mudado um bocado. Não sei o que teria feito sem o amor e o apoio da minha mãe e do meu padrasto. Eles tinham uma bela relação amorosa. Adoravam Kyrsha e eu aprendi como os avós são importantes, não apenas para o bem-estar emocional dos netos, mas também para o meu bem-estar de mãe solteira.

Deixei Kyrsha com os avós corujas e fui a pé até a entidade local de auto-ajuda para alcoólatras e dependentes de drogas. Queria ver se tinham aceitado meu pedido de emprego. Que estranho era voltar à Casa da Virada. Um grupo de amigos tinha criado essa entidade muitos anos atrás para atendimento de jovens com problemas. Desde então a Casa da Virada se tornou um verdadeiro centro social, atendendo a todo tipo de problema comunitário. Ganhara a reputação de efetivamente mudar a vida de quem a procurava. Conhecia algumas pessoas que trabalhavam lá, mas o diretor era desconhecido para mim. Ele era o principal responsável pela transformação desse centro numa das melhores entidades não-lucrativas de serviço social em Boston. Queria conhecer esse fazedor de milagres.

O nome dele era Jake; tinha carisma e era muito inteligente. Todos gostavam dele e admiravam sua capacidade de formar uma equipe com as peças mais diversas e improváveis. De políticos a *hippies* de cabelos compridos, Jake conseguia unir as pessoas. Elas deixavam de lado suas diferenças para fazer algum bem à comunidade. Era um perfeito mediador. O cabelo e a barba crescidos ajudavam-no a acalmar os jovens, enquanto a roupa bem arrumada, quadrada, e o apurado senso administrativo asseguravam aos mais velhos que a dotação financeira da municipalidade estava sendo bem empregada.

Na minha breve entrevista, fiquei completamente fascinada por Jake. Não sexualmente, não em termos de flerte, mas por sua energia e por seu envolvimento com o programa e o grupo que dirigia. Era um homem decidido, um líder comprometido com uma missão. Era também muito atraente. Mas eu estava muito mais interessada no que podia aprender com ele e em aproveitar o verão para fazer algo que valesse a pena, alguma coisa positiva.

No meu primeiro dia como voluntária, disseram para ir ao escritório de Jake. Ele me recebeu com um caloroso "olá", como se eu fosse uma amiga que não encontrava há muito tempo e estivesse realmente feliz em me ver. Fiquei de novo encantada com esse homem muito especial, só que dessa vez foi uma sensação bem mais intensa. Jake disse que gostaria de me conhecer melhor. Sentia que eu seria um componente muito importante do programa.

Aproximava-se o turno da noite no atendimento 24 horas. Jake me convidou para ir à pizzaria da esquina conhecer alguns empregados que já estavam lá. Fiquei emocionada. Enquanto caminhávamos até a pizzaria, ele perguntou sobre a minha família e eu lhe disse que era divorciada e mãe solteira. Ele também era separado e tinha um enteado. Conversamos sobre a criação de filhos e as dificuldades das separações dolorosas.

Comemos pizza e tomamos cerveja com outros empregados do centro. Era mais um grupo de amigos que de empregados. Observei Jake durante todo o jantar. Era atencioso com todo mundo à mesa e brincava com as pessoas como nenhum outro chefe que eu conhecera até então. Apoiava-se em uma assistente administrativa muito franca e enérgica, Sheila. Ela possuía grande conhecimento de administração e ele sempre lhe passava o exame dos problemas orçamentários. Entre fatias de pizza de pimentão e cogumelo, Jake e Sheila tomaram várias decisões de estratégia financeira que dispensariam serviços importantes e necessários. Percebi que ele realmente respeitava a opinião daquela mulher e lhe creditava parte do seu sucesso. Gostei desse sujeito que demonstrava reconhecimento por seus funcionários e permanecia humilde. Gostei um bocado dele!

Jake e eu fomos andando para casa. Percebi que ele podia estar mais interessado em mim do que na minha capacidade de trabalho, mas não me importei. Nossa atração mútua aumentava a cada passo. Passeando devagar por calçadas ladrilhadas, conversamos sobre vários assuntos pessoais, assuntos que, eu esperava, uma pessoa como ele pudesse compreender e aceitar.

Era tarde quando chegamos à minha casa. A temperatura ainda era elevada e o ar abafado. "Gostaria de subir e beber uma limonada antes de ir para casa?" — perguntei. Pareceu tão pouco sutil, mas de fato tinha limonada fresca na geladeira. Ele respondeu que isso seria ótimo. Enquanto subíamos as escadas para o apartamento dos meus pais, no segundo andar, eu lhe disse para não fazermos barulho porque todos estavam dormindo àquela hora. Eu me senti uma colegial segurando por mais alguns minutos o rapaz com quem havia saído. Só que agora eu tinha 24 anos e um bebê no quarto ao lado. Demos uma espiada no quarto de Kyrsha. Ela estava enroscada num canto do berço, gotinhas de suor brilhando nas pequenas mechas de cabelo.

Sentamo-nos na cozinha bebendo limonada, continuando a falar de nossas vidas e objetivos futuros. Eu me sentia feliz e bastante estimulada por aquele homem encantador. Então fez-se um incômodo silêncio, daquele que lhe dá oportunidade de se recompor e decidir se vai mais fundo na atração. Jake falou primeiro.

— Sei que isso pode ser um pouco presunçoso, mas sua companhia realmente me agrada e gostaria de conhecê-la melhor. Vou acampar este fim de semana com uns velhos amigos. Gostaria de ir também?

Fiquei empolgada com o convite e respondi logo que "sim!" Ofereci meu refrigerador portátil e outros equipamentos para o conforto do fim de semana.

E quase de imediato me vi parada no meio da cozinha abraçando o refrigerador portátil. Pensei com meus botões: *O que você está fazendo?* Tinha esquecido algo muito importante: eu não queria ter um caso.

Não sacrifique o respeito próprio ao prazer passageiro

ANTES DE CONHECER JAKE, PENSEI e me analisei um bocado e cheguei a algumas conclusões. Não queria sair com ninguém meramente para um caso passageiro. Tudo bem em marcar um encontro, mas, quanto a sexo, eu não estava nessa de *ter uma transa*. Embora estivéssemos em 1974 e o amor livre fosse o hino da juventude, eu não conseguia agir dessa forma. Pelo menos isso eu sabia a meu respeito. Eu queria um relacionamento e não perder tempo com quem não quisesse a mesma coisa.

Aquele homem maravilhoso me convidara para acampar e eu aceitei sem pensar. Mas achei de qualquer forma que podia ir e ver o que acontecia. Talvez ele também estivesse querendo um relacionamento. Ou então eu poderia lhe dizer o que queria. Podia lhe dizer que estava interessada em encontrar alguém que quisesse um compromisso de longa duração. Eu podia pura e simplesmente lhe dizer isso!

O quê? Isso é loucura. Mal acabei de conhecer esse homem. Ele vai achar que eu sou maluca. Não, pior! Vai pen-

sar que estou à caça de marido. Vai pensar que sou uma mulher carente à procura de homem para me sustentar.
    Espere aí! Eu não precisava de ninguém para me sustentar. Tinha dinheiro, casa, carro, cuidava de minha filha e ainda freqüentava a faculdade em tempo integral. Apenas não queria um caso passageiro. O refrigerador portátil já começava a fazer parte de mim: tinha medo de colocá-lo em algum lugar e tomar uma decisão. Ou iria, ignorando a promessa que fizera a mim mesma, ou explicava a ele minha posição e via o que acontecia.
    Decidi me arriscar e deixar que aquele homem soubesse quem eu era, confiando que pensava como eu. Adoraria acampar, mas tinha que ser sincera com ele. E, o que era mais importante, tinha que ser sincera comigo mesma.
    Jake simplesmente me encarava. Eu devia estar parecendo uma tevê com a imagem correndo na vertical. Sorri e dei um tapa teatral, de lado, na cabeça. Finalmente depus o pesado refrigerador portátil e comecei uma das mais difíceis explicações da minha vida.
    — Jake, quero lhe agradecer de coração por me convidar para ir com você. Há anos não acampo e aposto que seus amigos são gente fina. Mas preciso lhe dizer uma coisa que é um pouco embaraçosa para mim. [*Que eufemismo!*] Tenho pensado um bocado desde o fim do meu casamento e agora sei do que preciso e o que procuro. Não sou boa para... Espere! Deixe-me colocar as coisas com clareza e simplicidade. Não estou interessada em ter um caso. Procuro uma relação duradoura e queria que você soubesse. Não quero que a gente fique íntimo sem você saber desde o início qual é a minha. Sei que o que estou dizendo soa esquisito, especialmente antes do primeiro copo de limonada, mas é que estou sem prática. Apenas achei que você e eu merecemos ouvir, alto e bom som, o compromisso que assumi comigo

mesma. Nada de casos. Vou entender perfeitamente se preferir chamar outra pessoa para acampar com você. E o refrigerador continua às ordens.

Consegui! Expliquei exatamente o que tinha em mente e não me compliquei! Com efeito, eu me sentia ótima, orgulhosa de mim mesma. Jake ficou um pouco confuso. Como se eu tivesse visão de raios X, vi o seu cérebro processando o que eu acabara de despejar em cima dele. Estava preparada para sua desistência, para que recuasse do convite, julgando-me uma mulher estouvada, que fala demais, cedo demais e com honestidade excessiva.

Hurra! Estava tudo bem, eu não ia me desculpar e renegar mais. Minha falta de afirmação pessoal e o medo de correr atrás da igualdade que eu queria só serviram para arruinar meu casamento. Daquele momento em diante, passei a trilhar um novo caminho, o dos meus próprios objetivos e auto-estima. Achei melhor ele saber quem eu era antes de nos enfiarmos naquela barraca apertadinha. E quanto ao refrigerador portátil, fui sincera.

Jake respirou fundo e esperei calmamente seu veredicto. Estava pronta para aceitar o que fosse. Ele começou a balançar a cabeça, sorrindo.

— Percebi, logo que a vi pela primeira vez no escritório, que você era pessoa para ser levada a sério. Só não sabia quanto. Realmente aprecio que me diga tudo isso. Acho que fui pego de surpresa. Não estou acostumado com gente que vai direto ao assunto e é tão sincera assim, mas é bom. Quando a convidei para acampar, acho que estava pensando só no fim de semana. Agora que você tocou no assunto, preciso pensar o que pretendo em termos de relacionamento e o que eu quero.

Fez uma pausa e me olhou antes de recomeçar a falar. Olhei para o refrigerador portátil e senti que era como que um recipiente para minha nova e arriscada sinceridade, não para a maionese de mamãe.

— Sabe, Suzanne, também não quero apenas um caso. Estou muito mais interessado num relacionamento com chance de compromisso duradouro. Portanto, gostaria de ir acampar comigo esse fim de semana?

O sorriso que deu foi tal que iluminou o ambiente. Fomos acampar e passamos um fim de semana maravilhoso. Depois ficamos juntos os cinco anos seguintes.

ÀS VEZES OMITIMOS A VERDADE PARA EVITAR REJEIÇÃO

NUNCA ESQUECEREI AQUELA NOITE na cozinha de mamãe. Foi uma linha demarcatória na minha luta pela auto-estima. Apesar de Jake e eu não termos passado o resto da vida juntos, foi um começo auspicioso no rumo certo. Uma de minhas grandes lutas sempre foi contra a tendência de me preocupar com o bem-estar do parceiro ao ponto de esquecer o meu próprio bem-estar. Gostava de apoiar a outra pessoa, mas era hipocrisia negar e ignorar minha própria necessidade de apoio. Passei a me perguntar por que defendia tão facilmente os interesses dos outros e desprezava tanto os meus. Esse desequilíbrio não me tornava uma pessoa mais amorosa; tornava-me uma pessoa *carente*. Eu me dava, me entregava, esperando receber algo de volta. Permitia que uma relação desigual fosse longe demais antes de afirmar o que pensava e queria.

Dizer a verdade a mim mesma tornou-se um compromisso diuturno e, de início, foi mais assustador que compensador. Tropecei e caí algumas vezes e tive que voltar atrás e admitir onde havia errado. Lembro que às vezes escorregava em meu velho hábito de fingir sinceridade, para logo parar, por vezes no meio de uma frase, pedir desculpas e recomeçar com franqueza. Ninguém podia fingir mais sinceridade do que eu. Conseguia dizer todas as palavras certas, exatamente aquelas que meu parceiro queria ouvir. Podia fingir que tudo estava ótimo quando na verdade eu me sentia uma droga. Era capaz de dizer o que era preciso para deixar todos felizes e contentes, sabendo muito bem que não era o que eu queria ou precisava. Era uma grande atriz para fingir sinceridade. Chegava a acreditar nas minhas mentiras, na minha "interpretação". Fazia toda essa encenação porque tinha pavor de encarar a verdade e mais ainda de trabalhar com ela. E a verdade é que deixava meus relacionamentos se transformarem num meio de progresso para o meu parceiro enquanto eu me enredava.

Ser honesta comigo mesma já era bem difícil, mas ser honesta com meu parceiro era mais ainda. Mas quando consegui ser sincera comigo, ficou mais fácil ser sincera com o companheiro. Revelar primeiro a mim mesma os meus medos e inseguranças sexuais tornou mais simples dividi-los com o parceiro. Claro que não havia garantia de que o parceiro reagiria como eu gostaria. MAS...

O amor e o respeito acompanham a obrigação de dizer a verdade ao parceiro. A maior dificuldade para dizer a verdade ao parceiro está no medo de ser rejeitada, de ficar sozinha, de ser menos amada. Esse medo, não, esse terror, é compreensível, mas não pode jamais justificar a mentira. Acredite, aprendi isso. Tentei mentir. Mentir para o parceiro é como deixar uma rachadura nos alicerces de um prédio. Você nunca saberá o que pode fazer o prédio desabar nem quando isso ocorrerá. Talvez nunca ocorra, mas você vive com o medo e a ameaça constante de um desabamento, nunca se sente totalmente segura e seu parceiro *perceberá* que alguma coisa não anda direito. Essa *percepção* revela-se como uma pequena e irritante desconfiança ou insegurança sobre a intensidade do amor declarado.

O TIPO DE RELAÇÃO A EVITAR

É MUITO COMUM FAZER sexo antes de se criar uma base afetiva, antes de cada pessoa saber de fato o que a outra pensa e sente sobre um possível relacionamento.

- Temos medo de falar a verdade, de dizer com sinceridade quem somos e no que acreditamos.

- Manipulamos a nós mesmos e a nossas necessidades para que se adaptem às do parceiro.

- Forçamos a situação e fingimos que há compatibilidade antes de saber se há semelhanças efetivas e base comum.

- Nós nos forçamos a crer que o sexo vai *criar* a base emocional e afetiva que falta.

- Mudamos ou ignoramos nossas reais necessidades para produzir uma união que talvez nunca venha a existir na verdade.

- Nós nos enganamos acreditando que *quando nos sentirmos mais seguras, começaremos a ser mais honestas com nossos parceiros*. O erro ou falácia dessa idéia é que mesmo o menor grão de desonestidade impede que se crie um ambiente seguro; a desonestidade na verdade cria o oposto disso.

*S*E NÃO PODE DIZER AO PARCEIRO O QUE QUER, COMO E QUANDO QUER, VOCÊ NÃO ESTÁ PRONTA PARA QUERER!

APESAR DA MINHA SINCERIDADE imediata com Jake, lembro que fizemos sexo antes que eu pudesse lhe falar a respeito.

Por que não abordamos o sexo com a mesma naturalidade que adotamos para a maioria das coisas? Antes de fazermos um trabalho, conversamos com a pessoa que quer que façamos o trabalho. Quando saímos com outras pessoas, discutimos aonde ir. Quando praticamos esportes, conversamos com os companheiros sobre a maneira de jogar e quem vai fazer qual função — é o que se chama de trabalho em equipe. Quando levamos o carro à oficina, conversamos sobre o que é preciso fazer e quanto tempo levará.

Quando temos um encontro, conversamos a noite toda sobre trabalho, família, cinema, restaurantes. Mas, assim que os beijos começam, toda conversa termina!

Se tivermos vergonha de falar sobre nossas necessidades emocionais e sobre o que queremos fazer sexualmente, é sinal de que devemos estar envergonhados demais para fazê-lo!

SE NÃO PUDER FALAR DA COISA, NÃO A PRATIQUE!

PORTANTO, QUERIA QUE MEU PARCEIRO, Jake, soubesse quem eu era desde o início. Não ia fazer sexo com um novo parceiro só porque ambos gostávamos de acampar. Não ia abandonar meus objetivos só para me enfiar com esse homem numa barraca. Antes eu achava que gostar de mim mesma não era tão importante quanto gostar de outra pessoa e fazer com que essa pessoa gostasse de mim. Assim como eu gostava que precisassem de mim, precisava aprender a pedir o que queria. Revendo as coisas, foi um pequeno passo na minha trajetória, mas de importância gigantesca. Resolvi me arriscar a ser rejeitada, um dos maiores medos que eu tinha, para assumir posição própria.

Meu encontro com Jake começou com sinceridade. Isso, por si só, foi uma grande virada nos acontecimentos. Abandonei a rotina de levar um relacionamento adiante alegremente até me sentir à vontade para dizer o que realmente pensava e sentia. Expus de maneira clara e sincera (e firme, devo dizer) o que queria. Fiz Jake saber, sem ferir os seus sentimentos, que não queria sexo casual, um amasso numa barraca.

Antes, sempre tivera medo de dizer o que queria. Sentia culpa se fincasse pé firme na minha posição com o risco de perder a companhia. O estranho é que só me sentia assim em relacionamentos amorosos com homens.

Em outros setores da minha vida, conseguia enfrentar qualquer idéia ou questão social controvertida sem piscar. Os direitos civis, os preconceitos sexuais, a guerra do Vietnã, fosse o que fosse, eu me definia claramente contra ou a favor. E não me limitava a falar, era ativa na luta. Mas quando se tratava dos meus próprios direitos e sentimentos numa relação amorosa, virava um pastel. Vacilava, me omitia, me esquivava.

Por que eu era assim? O que acontecia com minha confiança em mim mesma, com minha coragem, quando tinha que me posicionar sobre o *meu* bem-estar? Como é que uma mulher forte e poderosa como eu podia ficar mole daquele jeito quando se tratava de homens? Revendo as coisas agora, tenho uma clara compreensão, como se olhasse pelo retrovisor do carro e visse por onde havia passado. Tinha muita confiança para ajudar os outros a obter o que mereciam, mas não acreditava em mim mesma nem sabia com segurança que eu também merecia, o que desejava e precisava. Toda vez que tentava defender os meus interesses, eu me derrubava com meus próprios sentimentos de rejeição. Se meu próprio pai não me deu o amor e a compreensão de que precisei quando criança, por que outro homem me daria? Ficava completamente paralisada toda vez que tinha de enfrentar o meu medo de ser rejeitada por um homem que eu amava e de quem precisava.

E aí residia a outra face do problema. Eu me sentia atraída por homens que eram incapazes de me ajudar a conquistar o amor-próprio e a superar as feridas da infância — era sempre o mesmo tipo de homem, só que com formas e tamanhos diferentes. Estava sempre em busca de novas oportunidades para ser rejeitada da mesma maneira que meu pai me rejeitou. Caía na armadilha dos vaivéns da relação: criava coragem para avançar e reclamar a atenção e carinho que merecia só para ver meu parceiro recuar e desafiar minha posição. A garotinha magoada dentro de mim entrava então em pânico porque todas as emoções da infância emergiam e o terreno que havia ganho virava areia movediça, me puxando de novo para baixo. Por fim, acabava abandonando a relação, acreditando que a próxima seria melhor. E foi o que aconteceu com Jake.

Os outros não podem nos amar se, primeiro, nós não nos amamos

JAKE E EU NUNCA MAIS FOMOS felizes juntos. Ele não queria um compromisso mais profundo para o futuro. Como os outros homens na minha vida, tinha chegado ao fim da linha e não podia me dar o que eu precisava. Ele não podia me salvar das inseguranças da minha infância porque tinha suas próprias ansiedades.

Na época, minha mãe estava morrendo de câncer e eu merecia e decididamente precisava de mais apoio dele. Estava confusa e sofrendo demais. E me perguntava por que Jake se comportava tão mal numa hora dessas. De repente, toda a situação ficou clara para mim. Jake era incapaz de enfrentar seu próprio medo de ser rejeitado ou abandonado. À medida que se aproximava a morte de minha mãe e eu precisava de mais apoio emocional, ele exibia sua insegurança se embebedando e se fechando no seu mundo. E me deixou sozinha com os meus problemas.

Ironicamente, foi justamente nesse momento que nossa relação acabou. Eu sabia que o estresse de uma morte podia prejudicar os relacionamentos, mas foi muito mais que isso. Nossos sistemas de valores tinham se distanciado. Eu disse a ele que precisava de sua companhia, para me amparar, me acalmar, para aplacar meus medos naquele momento terrível. Dia após dia eu acompanhava, impotente, a rápida e dolorosa deterioração de minha mãe, mas Jake só conseguia reagir com frieza. Aquele homem carinhoso, que dedicava a vida a ajudar outras pessoas, ficava aterrorizado para ajudar alguém de quem dependia. Isso pode parecer loucura e hipocrisia, mas é bem comum em muitas relações amorosas. Jake enterrava seus sentimentos mais e mais no trabalho ou na cerveja. Suas atitudes me faziam sentir culpada até por desejar o mais elementar dos carinhos. Em vez de carinho, ele me deu um ultimato: "Aceite-me como eu sou ou me deixe." Disse que não podia dar mais do que dava e que temia estar ficando por demais vulnerável.

Após uma terrível discussão, eu lhe disse: "Você sempre sai quando eu preciso de sua ajuda." Ele virou-se para mim e falou como um velhaco: "Ora, do que você está se queixando? Você deve gostar, porque ainda está aqui." Como que fulminada por um raio, fiquei de súbito ereta na cadeira e me conscientizei do que estava fazendo. *Não, eu não gosto que Jake beba e me deixe sozinha e, além do mais, não quero ser alvo desse comportamento, de seus abusos.* Com absoluta decisão e calma, olhei para ele e disse: "Você tem razão. Ainda estou tentando tirar algo de alguém que não está disposto a dar. Mas numa coisa você está enganado: eu não gosto disso. Acabou." Apesar de minha mãe ter perdido a voz por causa do câncer, assim que Jake pôs o pé fora de casa eu pude ouvir o conselho dela com tanta clareza como se o estivesse proferindo pela primeira vez: Exija que a tratem como trataria a si mesma. A partir desse momento revelador, aprendi que não tinha que ser um capacho para receber amor. Tinha que saber que era importante na relação e que não estava com um homem apenas para lhe dar prazer ou satisfazer suas necessidades.

Isso foi há vinte anos. Hoje, Jake está se saindo muito bem. Enfrentou o problema com o álcool e está se recuperando. Seu apaixonado dinamismo voltou. Está de novo ajudando outras pessoas e tem um relacionamento maravilhoso com uma mulher.

Não lamento um só minuto que passei com Jake. No contato com ele aprendi a importância de me expressar com sinceridade. Sempre que tenho medo de dizer o que realmente sinto, relembro aquela noite na cozinha de mamãe, de pé com o refrigerador portátil nas mãos e dizendo: "Vou entender perfeitamente se preferir chamar outra pessoa para acampar com você. E o refrigerador continua às ordens."

*T*ODOS PRECISAMOS MAIS DE AMOR E COMPREENSÃO DO QUE DE SEXO!

MESMO NESTA SOCIEDADE OBCECADA por sexo, o fato ainda é que nós, seres humanos, vicejamos no amor, não no sexo. Ninguém jamais morreu por falta de sexo, mas muitos morreram por causa do coração partido.

Perder o amor e o respeito de outra pessoa ultrapassa em muito a dor da rejeição sexual. Muitos de nós usamos o sexo como substitutivo do amor e da compreensão. Apesar do nosso auspicioso e sincero encontro casual, fui culpada disso em minha relação com Jake, o que se revelou uma coisa perigosa. Uma pessoa pode usar você apenas para o sexo e jamais lhe dar amor verdadeiro. Você fica se sentindo ainda mais desamada.

Para provar que o amor é mais importante que o sexo, basta colocar o amor adiante do sexo: a intensidade sexual ficará cem vezes maior. É emocionante quando pessoas que costumavam fazer sexo com qualquer um voltam atrás e me dizem como o sexo é gratificante agora que estão apaixonadas. E aqueles que têm de adiar ou adaptar suas manifestações sexuais devido a uma doença ou acidente descobrem a verdade sobre o amor e o sexo — o amor é muito mais poderoso.

O sexo é muito mais satisfatório quando nos unimos totalmente a alguém — física, emocional, intelectual e espiritualmente.

Capítulo 6

Nada bloqueia mais o prazer sexual do que a ênfase no orgasmo

Não se preocupe, você não está liquidada(o).

Não ter prazer sexual causa mais estresse

ERAM ONZE DA NOITE. O CHEIRO do arroz com legumes do jantar e o aroma de incenso tomavam o quarto. Matthew era muito atencioso. Ele tinha feito uma comida deliciosa. Não me lembrava de jamais um homem ter feito o jantar para mim.

Seu quarto era uma extensão de tudo o que ele gostava: retratos dos amigos e da família, cartazes de arte, contas, máscaras, roupas com estamparia indiana e velas — muitas velas ao redor da cama. Elas davam ao quarto um brilho acolhedor e iluminavam o suficiente para vermos o rosto e o corpo um do outro enquanto fazíamos amor. A gente vinha se encontrando fazia vários meses.

Conheci Matthew quando eu trabalhava com um grupo de teatro de vanguarda. Ele era consultor jurídico e tinha escritório numa velha igreja, no mesmo lugar onde nosso grupo de teatro alugara um espaço. Graças a Deus eu estava trabalhando em tempo integral e adorando. Finalmente fazia o que sempre sonhei — abrir caminho numa carreira e estilo de vida inteiramente novos. Dava medo mas era estimulante. O teatro foi um salva-vidas para mim quando grande parte da minha vida era uma barafunda. Minha mãe ainda lutava com o câncer na garganta e toda a família se sentia insegura, como se estivéssemos dentro de uma nuvem negra. Além do teatro, era grata a Matthew, pessoa altamente positiva que tinha sempre um sorriso e uma palavra de conforto para todos.

Matthew costumava dar uma passada para ver os dois fundadores da companhia teatral. Todos nos sentíamos melhor quando ele estava lá. Para mim ele parecia um homem estranho porque era extremamente contente, confiante e, no entanto, totalmente acessível. Não usava armadura protetora emocional como a maioria de nós, não fazia bravatas nem sarcasmo. Era uma pessoa segura. E sincera. Matthew transpirava energia, felicidade, força, paixão e malícia.

Minha relação com Jake havia terminado depois de cinco anos e, embora tivesse sido eu quem tomara a decisão de acabar, me sentia magoada, desapontada e traída. No período mais arrasador da minha vida, ele se afastara e me virara as costas. Eu sentia muito medo e angústia pela doença de minha mãe e, em vez me dar apoio, tudo o que Jake fizera tinha sido beber e tratar de sua própria sobrevivência emocional.

Eu estava estressada e assustada. O câncer de minha mãe estava se alastrando; ela não merecia castigo tão horrível. Ela só dizia coisas boas sobre os outros e eu tive a sorte de poder usufruir de sua sabedoria. Era minha melhor amiga e confidente, e eu sentia raiva de que estivesse morrendo e sentindo dor.

Via a fumaça do incenso espiralando pelos cabelos de Matthew e se arrastando acima da luz das velas. Ele massageava minhas pernas com óleo, falando sempre com voz macia que era importante relaxar. Sua voz tinha a mesma suavidade que eu sentia nas suas mãos.

Matthew foi massageando minhas coxas, subindo até meus quadris, ventre, e seios. Tratava cada parte do meu corpo com sensualidade e respeito. Nunca me deixava com a impressão de que eu só tinha duas áreas sexuais: os seios e a virilha. Para Matthew, todo o corpo era um receptor sensual e precisávamos apenas sintonizá-lo. Fazer amor, para ele, era igual a cozinhar. Sabia misturar com cuidado todos os ingredientes de modo que a criação final fosse uma delícia a ser saboreada e degustada.

Sexo, para Matthew, era mais do que coito. Fazer amor com ele era uma experiência intensa, emocionalmente satisfatória. Estava sempre ligado, completamente concentrado. Ele não me destroçava na cópula, sentia-me extremamente à vontade com sua lenta investida, sem pressão. Cada parte dele se movia com delicadeza, ritmadamente. Ele se comunicava de forma verdadeira e o que fazia combinava com o que falava. Eu conhecia tanta gente que dizia uma coisa e fazia outra. Matthew combinava comigo em todos os níveis quando fazíamos amor e sempre tomava cuidado para não se apressar e correr na minha frente. Formávamos uma dupla.

O ORGASMO NOS EXPÕE A NOSSA VULNERABILIDADE

À VONTADE COMO ACHAVA QUE ME sentia com Matthew na verdade nunca tive um orgasmo com ele. Tinha muito prazer e excitação, mas nunca ao ponto de gozar. Ele fazia tudo *certo* e eu também ajudava, mas parece que eu sempre esbarrava numa barreira ou algo assim. Creditava isso ao fato de estar com uma pessoa nova para mim, embora estar com Matthew era como estar com meu melhor amigo. Ele não escondia nada. Era um doador e eu me sentia muito atraída por ele.

Matthew percebeu antes mesmo de mim que algo estava errado. E era eu. Eu, meu estresse e meus medos. Na verdade eu mesma não compreendia nem sequer reconhecia o problema. Matthew foi quem o apontou para mim certa noite. Estávamos deitados na cama, no apartamento dele. Kyrsha estava passando o fim de semana com o pai em Vermont. Matthew me perguntou como estava minha mãe. "Bem", respondi. Era uma resposta padronizada, de conveniência. Sabia que minha mãe agonizava, mas mesmo assim desconsiderei sua pergunta. Começamos a nos tocar e acariciar. Realmente eu queria ter um orgasmo, por mim, por ele, por nós. Tinha começado a ficar preocupada com minha incapacidade de gozar, porque queria provar a Matthew que não havia nada de errado comigo. Ele nunca duvidara; acho que eu é que duvidava.

Brincamos, nos esfregamos, nos beijamos, acariciamos e nos tocamos. Matthew estava excitadíssimo, mas, como sempre, não fez pressão para se satisfazer ou se aliviar. Ele realmente gostava do processo tanto ou mais que do resultado final. Mas eu estava tão frustrada; chegava tão perto e no entanto não conseguia cruzar o limite — o orgasmo escapava do meu corpo como macarrão na colher. Estava decidida e continuava tentando e tentando. Pedi a Matthew que me beijasse mais, que se esfregasse mais, que me tocasse mais, que fizesse mais qualquer coisa. Eu não queria desistir.

Senti lágrimas nos olhos. Esfregava o clitóris com mais força e mais rápido, mas só conseguia dor em vez de prazer. Eu estava ensopada de suor, os lençóis colados ao meu corpo. Comecei a chorar. Matthew não disse nada; em vez de falar, me pegou no colo e me embalou. Após alguns minutos, com voz entrecortada, fiz a minha lamúria:

— Não sei o que há de errado comigo. Não sei por que não consigo gozar com você. Não é nada com você. Simplesmente não sei por que não consigo.

— Acho que sei por quê — disse ele, baixinho. — Você tem medo de me deixar entrar em você. E não estou falando de cópula. Você não quer se abrir emocionalmente para mim, por isso não pode se abandonar ao orgasmo.

Do que ele estava falando? O que é que o orgasmo tinha a ver com meus sentimentos por ele? Além do mais, eu me sentia muito à vontade em sua companhia.

— Não tem nada a ver com você, Matthew. Sinto-me segura e muito à vontade com você sexualmente.

— Não foi isso que eu quis dizer. Ter um orgasmo é uma maneira de se abrir com outra pessoa. É uma experiência de muita vulnerabilidade. Você não quer ficar vulnerável comigo. Está com medo. E, levando em conta o que está passando com sua mãe e o recente relacionamento com Jake, não a culpo.

Fiquei completamente confusa. Como é que podia interromper meu próprio orgasmo? O orgasmo não é basicamente uma reação física à estimulação sexual? Sabia que precisava me sentir à vontade com meu parceiro para poder desfrutar o sexo com ele, mas me sentia à vontade com Matthew. Ele era maravilhoso e muito atencioso, carinhoso. Mas o que dissera fazia algum sentido e comecei a analisar mais fundo meus sentimentos sobre a doença de minha mãe e o resíduo de mágoa com Jake.

Fazia meses que me sentia como que flutuando num bote de borracha com um minúsculo vazamento; lenta e continuamente, eu afundava. Nem havia notado isso, mas Matthew notou.

Por mais que gostasse de Matthew e me sentisse segura a seu lado, estava com medo demais para deixá-lo entrar. Não iria lhe dar o meu orgasmo, pois já estava tão vulnerável, tão exposta à dor e à mágoa.

Matthew tinha razão: ele não ia conseguir me fazer gozar, porque eu precisava de qualquer defesa que julgava ter, por menor que fosse. Emocionalmente, eu era uma ruína — uma cesta de vime com os cantos gastos. Não precisava de um orgasmo. Precisava enfrentar o terror da morte iminente de minha mãe e a tristeza e desapontamento pelo rompimento com Jake. Com toda a mágoa e estresse que me tomavam, já era incrível que tivesse alguma atividade sexual, quanto mais um orgasmo. Fazia tudo certo do ponto de vista da minha técnica sexual, mas minhas emoções não estavam disponíveis. Encontravam-se trancadas dentro de mim.

DESLIGAMO-NOS DE NOSSOS SENTIMENTOS PARA NOS SENTIR SEGUROS

DA MINHA EXPERIÊNCIA COM MATTHEW aprendi que a maioria das pessoas não se sente segura quando está em posição vulnerável, especialmente no começo de uma relação amorosa. Na verdade, parece que esse é o pior momento para se sentir vulnerável. Embora todos queiram uma paixão, o maior medo para a maioria é se apaixonar. As experiências passadas podem ter sido dolorosas, por causa do abandono justamente no momento em que a pessoa se enamorou. Cai-se então de volta à situação anterior, só que com um grande anzol cravado no céu da boca. Então achamos que é melhor nos contermos, para nos protegermos. Aprendemos assim a não expor nossos sentimentos nem a demonstrar vulnerabilidade, a não partilhar nosso orgasmo.

Os homens, em especial, têm muita dificuldade em se colocar numa posição vulnerável, devido à maneira como são educados. Os meninos pequenos são ensinados a ser fortes, a reprimir as lágrimas e a suportar a dor *como homens*. Depois não sabemos por que os homens têm tanta dificuldade em expressar suas emoções e, quando o fazem, estão em geral com raiva. Os homens têm as mesmas emoções das mulheres. O problema é que a nossa sociedade não valoriza a expressão das emoções masculinas. Soldados, policiais, atletas, supergaranhões não devem ser emotivos, pois a vulnerabilidade emocional é considerada sinal de fraqueza. Mas os homens são tão humanos quanto as mulheres e é humano se sentir vulnerável, sentir tristeza ou qualquer outra emoção.

Alguns dos meus amigos homens dizem que, quando fazem sexo, podem partilhar o próprio orgasmo MAS não suas emoções. Seu orgasmo é meramente uma resposta à estimulação física. Usam a cópula e o próprio orgasmo para se distanciarem das parceiras. *Só vou foder com ela e sair. Só estou usando o meu pau, nada mais. Tiro e caio fora antes que ela saiba quem eu realmente sou. Uso a minha imagem, não quem eu sou na verdade. É uma encenação. Só vou inflar o meu ego e depois traçar quem mais estiver a fim. Se ela ficar magoada, o problema é dela por ser tão vulnerável. Ela não pode me ferir, porque não me importo.*

Acho que deveríamos pedir desculpas à maioria dos homens pela forma como a sociedade os iludiu, levando-os a crer que não devem se sentir emocionalmente vulneráveis. Eu vi meu pai impedindo meu irmão de cinco anos de beijá-lo ao se despedir porque, aos cinco anos, meu irmão já era um homem, e homens não se beijam. Também não devem chorar nem se abraçar, nem admitir dor ou mágoa. Em outras palavras, os homens são persuadidos a não precisar dos outros nem precisar que outros precisem deles. Que terrível dilema para os homens! Eles se põem a proteger a própria vulnerabilidade enquanto agridem a das mulheres. Vi muitos amigos e amantes do sexo masculino manterem a própria vulnerabilidade trancafiada em corações hermeticamente fechados e os sentimentos lacrados. Quando eles abrem o coração e expõem essa vulnerabilidade, a pressão se dissipa da mesma maneira que acontece quando se abre uma lata de refrigerante.

Quando alguém diz "não me importo", o que está querendo dizer é: "Não quero ficar vulnerável e me arriscar a ser ferido e rejeitado, por isso só quero estar com você à minha maneira. Sinto-me mais seguro assim." É muito fácil para os homens usar a sexualidade deles como proteção contra a própria vulnerabilidade. Quando você está "comendo" uma mulher, ela não pode fazer nada contra você. É você que está no comando, dirigindo as ações. Pelo menos, é nisso que os homens são ensinados a acreditar.

Mas algumas amigas se queixam do contrário. Elas dizem que o único momento em que os parceiros se mostram vulneráveis é no coito. Elas vêem e sentem então uma verdadeira sinceridade no parceiro e saboreiam esses poucos momentos em que ele não tem medo de se expor. Mas, assim que o orgasmo termina, o homem recoloca o *escudo protetor* e se vira para o outro lado.

Os homens não são os únicos que escondem sua vulnerabilidade e emoções no coito. As mulheres ficaram famosas pelo sexo sem emoção. Nós também fazemos sexo apenas pelo prazer físico e pela vaidade. Pensamos: *Alguém, qualquer um, me quer esta noite, pelo menos por uma hora.* Fazemos isso para esconder alguma dor ou mágoa opressiva: *Vou lhe mostrar como posso ser dura. Pode meter o pau em mim, mas nunca chegará ao meu coração. Não importa o quanto meta, até onde e com que dureza, jamais conseguirá se aproximar realmente de mim.*

Todas nós podemos fazer sexo sem emoção, mas para isso temos que propositalmente desligar nossas emoções. Temos que nos persuadir a ignorar nossos sentimentos e nos concentrar apenas no prazer físico. Justificamos essa separação entre nossa expressão sexual e as emoções nos apegando a velhos mitos tipo *os homens são assim mesmo*. Ou: *Se um homem pode fazer, eu também posso.* A negação aumenta à medida que usamos nossa expressão sexual para reforçar a própria imagem, como símbolo de status e jogo de poder.

Quando temos orgasmos sem emoção ou negando nossas emoções, sucumbimos ao que chamo de *síndrome do sexo cedo demais*. A gente se engana ao pensar que é suficientemente fria e madura, calejada e alucinada o bastante para se meter numa intensa atividade sexual antes de sequer conversar a respeito com o parceiro. Brincamos com nossos corpos antes que os sentimentos de uma pessoa se ajustem aos da outra e à situação. E então nos perguntamos por que não nos abandonamos ao orgasmo. Quando nossas emoções entram no caminho da satisfação sexual, como aconteceu comigo, isso faz a gente balançar e começar a encarar a intimidade sexual de maneira inteiramente nova.

Por que separar uma parte do nosso ser de outra? Por que compartimentar emoções, pensamentos, ações, como se fossem entidades separadas? Somos seres complexos, enrolados, intricados. Cada parte da nossa psique coloca em jogo todas as demais. Desconectar qualquer fio dessa rede por algum tempo provoca um curto-circuito e, a longo prazo, graves danos. Se fechamos parte de nós mesmos, processamos informação incompleta. Se queremos continuar equilibrados e ser mais capazes de tomar decisões positivas, é imperativo que disponhamos de toda a informação necessária para guiar nossa sexualidade — informação sobre como nos sentimos física, intelectual e emocionalmente.

O ORGASMO É UMA EXTENSÃO DAQUILO QUE SOMOS

AQUELA NOITE COM MATTHEW foi a primeira vez em que reconheci o importante papel desempenhado pelas emoções na minha sexualidade. Ela me mostrou como é fácil fingir que está tudo bem e forçar a excitação sexual. Mas quando eu de fato deixava as emoções penetrarem na minha relação sexual, não conseguia ter prazer sexual.

Deixei Matthew aquela noite sem orgasmo, mas com menos medo de enfrentar a morte de minha mãe e a minha própria dor. Várias vezes na vida, a incapacidade de ter orgasmo foi um sinal para mim de que havia alguma tensão ou medo não resolvidos bloqueando o abandono ao prazer. Minha sexualidade é expressão de todo o meu ser e meus orgasmos são um verdadeiro símbolo da minha vulnerabilidade, de minha auto-estima sexual e dos meus sentimentos de amor e segurança em relação ao meu parceiro. Meus orgasmos são uma extensão a mais do meu eu físico, intelectual, emocional e espiritual.

Cuido das minhas emoções agora, de forma que minha sexualidade está sempre conectada aos meus sentimentos. E sempre avalio meu nível de tensão, de estresse, antes de fazer sexo. Tomo o cuidado de nunca fazer nada em termos de sexo para o que não esteja emocionalmente preparada. Para mim, ser sexual é ser uma pessoa física, pensante e sensível. É ser o melhor que posso.

Quando tomei decisões em outras áreas de minha vida, com certeza levei em consideração o que sentia sobre o que estava acontecendo e as possíveis conseqüências. No entanto, ignorava as emoções mais evidentes quando se tratava de decisões de ordem sexual. Queria o melhor para mim em outras áreas da vida: na profissão, nas artes, como mãe e mesmo no lazer; então, por que não no sexo?

Os orgasmos devem ser cheios de emoção. É quando são melhores e nos dão os resultados mais positivos. Ouvi muitas e muitas vezes as pessoas dizerem que a satisfação sexual é mil vezes mais intensa e excitante quando se sentem amadas e confiam na pessoa que amam.

TODOS SÃO CAPAZES DE TER ORGASMO

AGORA QUE SABEMOS QUE OS MELHORES orgasmos são aqueles plenos de emoção, precisamos tirar o estresse de dentro da gente para fazer do orgasmo o ápice da relação sexual. Temos que nos conscientizar de que o sexo não é meramente um processo mecânico. Ao contrário, é uma delicada dança emocional em que às vezes temos que comunicar ao parceiro o que está se passando, como fiz com Matthew.

Quem ainda não teve um orgasmo pode pensar que está inutilizado ou que deve ser diferente de todas as pessoas que facilmente têm prazer sexual. Bem, você não está inutilizada(o)! A não ser que tenha grave deficiência ou mutilação, pode gozar. Todos estamos equipados para isso, mas nem todos nos permitimos a abertura para o prazer sexual.

Algumas mulheres concentram-se demais em dar prazer e ficam embaraçadas e com vergonha de aceitar o prazer. Essa atitude é emocionalmente prejudicial e hipócrita. Preocupar-se apenas com a satisfação do outro, desprezando o próprio prazer, é o mesmo que dizer na verdade que você não merece o mesmo amor e respeito.

Atingir o orgasmo pode ser difícil quando você não gosta do seu corpo, especialmente de seus órgãos genitais. Some a isso a vergonha e a culpa em relação a sexo adquiridas na infância e fica mais que difícil — torna-se impossível! Acrescentem-se mais alguns bloqueios — medo de engravidar ou de contrair uma doença venérea, o estresse de uma crise, ausência de amor-próprio, um parceiro sexual egoísta — e você tem todos os ingredientes para não conseguir gozar! Permita-se o prazer sexual, ame a si e ao seu corpo para assumir a responsabilidade por sua própria satisfação.

E por fim, mas não menos importante: quando não puder ter orgasmo, *por favor, não finja!* Fico espantada quando ouço especialistas em sexo aconselharem as pessoas a fingir orgasmos para agradar o parceiro. Um orgasmo fingido é desonesto e a desonestidade só leva ao ressentimento.

Há várias razões para supor que se deve fingir o orgasmo: *Não quero que ele(ela) pense que não estou ligada(o). Estou ligada(o), mas nervosa(o) e estressada(o).* Ora, pode ser o contrário: *Não tenho coragem de lhe dizer que não estou apaixonada(o) ou que não sinto atração.* Outra razão tem mais a ver com o medo da rejeição: *Se a nossa vida sexual não lhe satisfaz, você deve me deixar.*

Nossa falta de confiança sexual apenas expõe nossos medos de inadequação sexual, de sermos considerados *menos* que nossos parceiros. Não importa a razão, ser verdadeiro é a única coisa, que eu saiba, capaz de produzir paz interior e força para enfrentar as batalhas da vida.

NUNCA FORCE O ORGASMO

MUITOS HOMENS E MULHERES ME DIZEM que é difícil para eles ter orgasmo. Com as mulheres muitas vezes é um problema crônico; e com os homens, geralmente, a coisa começa com a incapacidade de ter ereção, chegando depois à incapacidade de atingir o clímax. Essas pessoas passam meses e até anos sem nada falar aos parceiros sobre a sua dificuldade. Tentam encobrir o problema fingindo o gozo ou simplesmente rejeitando o sexo. Tudo isso leva ao estresse, à frustração e à depressão. Chamo isso de estresse do orgasmo.

Precisamos de fato compreender que a maioria das mulheres começa a copular antes de ter experimentado o orgasmo, o que torna o orgasmo difícil, senão impossível, de atingir somente através do coito. A confiança sexual das mulheres diminui à medida que aumenta o fracasso.

Com os homens, ocorre o oposto. Freqüentemente o gozo, para eles, é uma resposta física automática que eles acreditam não ter nada a ver com os sentimentos. Eles chegam tão fácil e rapidamente ao orgasmo que, ao enfrentar o fracasso na ereção ou no gozo, ficam arrasados e com medo de discutir a situação. Tive oportunidade de conversar com muitos homens que vez por outra não foram capazes de chegar ao orgasmo durante a penetração. Eles têm desejo e toda a sensação física que precisam para chegar ao orgasmo, mas simplesmente não conseguem se soltar enquanto estão dentro da mulher.

Não se trata de preocupação com a possibilidade de engravidar a mulher. A incapacidade de alguns homens de se soltar e gozar deve-se a algum bloqueio emocional, não a um problema físico. Fazemos os homens acreditarem que ter orgasmo é apenas uma questão de prazer, quando na verdade é uma questão de vulnerabilidade, de dar à outra pessoa uma parte de si, ainda que por um momento. Expressar-se sexualmente é mais do que simplesmente ter um orgasmo. É descobrir o prazer para nós e para a outra pessoa. É dar e receber prazer. É a exploração de delícias novas e conhecidas. Quando o prazer é realmente descoberto e aceito, o orgasmo é um subproduto.

Não se pode forçar um orgasmo. Sei disso, porque já tentei. O orgasmo deve aliviar a tensão, não aumentá-la. E não pode ser obtido sob grande tensão, como descobri na desagradável experiência com Matthew. Portanto, relaxe! Desfrute do prazer em todo o processo e, com certeza, chegará ao orgasmo.

Sexo é a coisa mais fácil de fazer errado e a mais difícil de acertar

EM SUMA, GOSTARIA DE TER O SUFICIENTE para dar uma moeda a todos os amigos que me contaram quão insatisfatória foi a maior parte de suas experiências sexuais e quanto tempo levaram para FAZER SEXO DIREITO!

A gente conta isso à nova geração? NÃO! Falamos aos jovens de nossa ignorância e desapontamentos sexuais para que possam evitar o que não pudemos? NÃO! Por que mantemos essa charada?

Ninguém quer admitir que na verdade não está desfrutando do sexo. Ninguém admite que não tem prazer na cópula ou que só goza com muito esforço, muita fantasia e fingimento.

Se ninguém lhe contou, deixe-me ser a primeira a lhe dizer que a relação sexual é um ato muito complexo que requer muita confiança e honestidade. Temos que comunicar verbalmente nossas necessidades e fazer sexo de olhos abertos.

Sei de casais que estão juntos há dez anos ou mais e ainda fazem sexo no escuro, de olhos fechados e sem trocar uma palavra sequer. Não creio que esses casais estejam prontos para a cópula! Precisam acender as luzes, abrir os olhos e falar.

E não tentem manter as emoções fora do sexo! Se o fizerem, estarão se negando um dos mais poderosos momentos de ligação verdadeira consigo mesmos e com a outra pessoa.

O simples fato de ter um orgasmo durante a relação sexual não significa que você está sequer perto de dominar esta surpreendente experiência sexual. Não importa quanto tempo se leva para fazer sexo direito, vale a pena.

*S*OMOS TÃO PESSOAIS EM NOSSOS DESEJOS E GOSTOS SEXUAIS COMO EM QUALQUER OUTRO ASPECTO DA VIDA

VIVO REPETINDO QUE OS HOMENS E AS MULHERES são mais parecidos que diferentes, mas não quero passar a idéia de que somos todos exatamente iguais!

As preferências sexuais das pessoas são tão normais e variadas quanto as de gosto e os talentos. Podemos ter o mesmo equipamento e o mesmo vigor, mas isso não quer dizer que gostamos de usá-los da mesma maneira.

Não há duas mulheres que funcionem da mesma maneira sexualmente, nem dois homens. É por isso que fico indignada com livros que receitam "a técnica certa" para ter prazer sexual. Alguém, até eu mesma, poderia esfregar a minha virilha de um jeito o dia inteiro e nem por isso necessariamente me excitar. Lembro-me que quando jovem tentava utilizar com um novo amante as mesmas técnicas sexuais que agradavam ao anterior, apenas para descobrir que de nada adiantavam. Quer dizer que um pênis não é igual a todos os pênis?

Para mim, essa é a melhor parte da individualidade sexual. Ela exige que se converse com o novo parceiro ou a nova parceira para conhecer a pessoa integralmente, não apenas mais um exemplar dos mesmos órgãos sexuais. As partes íntimas estão ligadas ao coração, à mente e à alma de um indivíduo. Não devem ser amontoadas no "mesmo grupo genital", como se disséssemos: *Já vi uma, já vi todas.*

Saboreie a sua individualidade. Cuide para que a outra pessoa saiba que, embora tenhamos os mesmos componentes físicos, não somos exatamente iguais a seu parceiro anterior. Apague tudo, é hora de um novo aprendizado.

Capítulo 7

A honestidade cria a confiança e a confiança faz o melhor sexo

Como você pode me amar se eu minto para você?

Não há desculpa para abuso de drogas

MATTHEW E EU TERMINAMOS COMO amigos. Eu estava magoada demais com a separação de Jake e paralisada de medo pela batalha de minha mãe com o câncer para poder dar uma chance de fato ao nosso relacionamento. Minha mãe piorava e a idéia de perdê-la tornava difícil até a mais simples tarefa cotidiana.

Pouco antes de sua morte, comecei a andar com um velho amigo, Bill.

Quando minha mãe finalmente faleceu, fiquei arrasada. Tinha perdido a melhor amiga e a dor era esmagadora. Bill era tranqüilo, parecia o par perfeito para mim àquela altura da vida. Era muito sereno e tinha um grande senso de humor. Trabalhava para uma próspera empresa de paisagismo. Bill trabalhava diariamente e nos fins de semana me ajudava com o grupo de teatro. Tinha acabado de criar a minha trupe e Bill passava muitas horas nos ajudando a construir cenários e acessórios de contra-regra. Ele adorava Kyrsha e parecia ser dedicado à família e capaz de me ajudar nos meus sonhos profissionais. Acabamos indo morar juntos.

Era um amante carinhoso, que gostava de experimentar coisas novas. Não fazia pressão para avançar além do que eu estava disposta e aceitava que eu participasse da minha própria excitação, achando isso uma válida e gostosa contribuição à nossa relação sexual. Não se achava obrigado a me fazer gozar; apenas queria ajudar.

Bill fumava maconha e eu sabia. Infelizmente, naquela época a maconha ainda era considerada bastante inofensiva. Muitos dos meus amigos também fumavam. Não achavam que era tão perigoso quanto o álcool ou outras drogas. Às vezes Bill fumava à noite e nos fins de semana e eu sabia que vez por outra fumava durante o trabalho, mas isso não parecia afetá-lo. Dizia que a maconha o ajudava a se concentrar melhor nos detalhes. Mas eu não imaginava o quanto Bill fumava. Nunca o questionei sobre isso porque ele era muito seguro de si. Claro, havia uns poucos que nada faziam na vida além de fumar maconha, mas não era o caso de Bill. Ele era ambicioso e se preocupava com o trabalho e comigo.

Eu havia experimentado maconha quando era mais nova, mas não sentira grande coisa. Geralmente eu ria e depois dormia. Na maioria das vezes ficava entorpecida, sensação que não me agradava, ou boba ou totalmente consciente da minha pele ou da minha língua.

Adorava estar alerta, ativa. Especialmente naquela época, quando começava a deixar a dor para trás. Quanto mais me envolvesse na vida, melhor. Estava cheia de energia e gostava de fazer coisas com Kyrsha, trabalhar nas minhas produções teatrais e ajudar Bill em seus projetos. A maconha, decididamente, só iria me tornar mais lenta, me atrasar. Portanto, não tinha utilidade para mim. Mas, de algum modo, mentalmente eu justificava seu uso por Bill.

O álcool, por outro lado, acendia o sinal vermelho. Tinha lidado um bocado com o alcoolismo na minha relação com Jake, por isso ficava muito mais preocupada se alguém bebesse do que se fumasse maconha. Minha ingenuidade e equívoco logo iriam se revelar.

À medida que superava a tristeza pela morte de mamãe e recuperava a autoconfiança, sentia mais energia e queria usufruir mais da vida em geral. No começo, fazia sexo com Bill umas duas ou três vezes por semana. A gente tinha achado um jeito gostoso de se esfregar, de se beijar e tocar, tomando cuidado para que a relação satisfizesse a ambos. Eu contribuía para o meu próprio orgasmo esfregando o clitóris. Ambos gostávamos de sexo oral para aumentar a excitação ou fazer o outro gozar.

Mais ou menos um ano depois de Bill e eu nos juntarmos, comecei a notar uma mudança em nossa vida sexual. Foi uma mudança gradual, mas me lembro de sentir que Bill não se esforçava muito na relação. Diminuíram as preliminares e ele gozava rápido demais no coito. Se eu não gozasse, ele então acariciava meus seios ou colocava um dedo na minha vagina para me ajudar a atingir o clímax. Isso era bom de vez em quando, mas notei que estava se tornando mais freqüente.

Também passou a ir mais tarde para o trabalho e a voltar mais cedo. Os clientes começaram a ligar dia e noite à sua procura ou pedindo o orçamento que ele prometera.

Perguntei a Bill se estava se sentindo bem. Fiquei preocupada porque talvez estivesse ficando doente. Examinei todos os motivos possíveis para seu comportamento, desde a fadiga — embora estivesse trabalhando menos — até o desinteresse pelo emprego. A única coisa que eu sabia com certeza era que não estava pronta para enfrentá-lo.

Quanto mais se usa a energia sexual, mais se tem vontade de usá-la

EU ESTAVA PREOCUPADA PORQUE os hábitos de trabalho de Bill estavam mudando, mas quando nossa vida sexual perdeu ímpeto percebi que estávamos metidos num grande problema. Talvez muitos de vocês se identifiquem com essa situação. Digamos, por exemplo, que não tenham qualquer contato sexual há semanas, meses, talvez mesmo anos. Alguns podem não ter parceiro ou talvez não estejam se entendendo bem com o parceiro; ou quem sabe a vida ficou tão tensa que o sexo foi posto de lado. Seja qual for a razão, o fato é que o desejo sexual diminui com a diminuição da prática e aumenta quanto mais se pratica.

É comum acreditar que o desejo sexual é incontrolável. Ouço isso de casais com níveis de desejo sexual muito diferente. Intuitivamente eu sabia o que estava refreando a energia sexual de Bill. A maconha cobrava seu preço. A quantidade que Bill fumava era realmente um grande problema. Estava ficando absorto, incomunicável. Havia tensão entre nós.

Uma noite começamos a fazer amor, nos beijamos um pouco e nos tocamos, mas Bill se limitava a ficar lá deitado de barriga para cima. Eu tinha que colocar meu corpo em posição se quisesse algum movimento. Bill teve uma ereção e, como eu estava excitada e bem lubrificada, ele rolou para cima de mim e gozou com três estocadas. Fiquei magoada e frustrada. Ele se desculpou e se ofereceu para me ajudar a gozar acariciando meus seios enquanto eu me masturbava. Concordei, relutante, mas não era o que eu queria.

Enquanto eu me masturbava, Bill esfregava meus seios com pouquíssimo entusiasmo. Faltava-lhe o desejo de participar como fazia antigamente. Após dois ou três minutos, a mão dele começou a diminuir o ritmo, parando por fim e se prostrando em meu tórax como um peso morto. Olhei para ele: estava dormindo. Fiquei profundamente deprimida. Tirei a mão dele do meu peito e chorei até dormir.

Na manhã seguinte, estava com raiva e questionei Bill sobre o que acontecera de noite. Claro, ele se desculpou. Eu falei que o problema era mais sério, que uma simples desculpa não ia resolver. A gente estava se distanciando por causa da maconha. Disse-lhe não acreditar mais que a maconha fosse inofensiva para ele. Implorei que abandonasse a erva, mas ele continuou negando que a maconha o prejudicasse de alguma forma. Ficou defensivo e inflexível e disse de maneira decisiva: "Isso não causa nenhum problema." Nunca tinha visto Bill tão zangado, tão infenso a olhar um pouco as coisas do meu ponto de vista.

Por fim, pedi-lhe para fazer uma experiência: "Se está tão seguro de que a maconha não o afeta, então pare de fumar por umas três semanas e veja se ocorre alguma mudança na sua energia e personalidade." Ele respondeu que isso era uma tolice, mas eu insisti que era absolutamente necessário para mim e para o nosso relacionamento e, então, ele cedeu, relutante.

Por três semanas, Bill absteve-se de maconha. Na primeira, não notei muita diferença. Na segunda, já era outro homem. Dormia menos, levantava cedo. Projetos domésticos que eu não conseguia fazer com que ele concluísse passaram a despertar sua atenção. Saíamos depois do trabalho e ele estava sempre animadíssimo. Nunca o vira daquele jeito. Estava bem mais articulado. A gente conversava sobre tudo e suas respostas às minhas perguntas não eram mais monossilábicas. Comia menos e começou a perder algum peso. E nossa vida sexual voltou aos eixos, ele estava sensível e ativo. O coito ficou muito mais dinâmico. Éramos parceiros sexuais carinhosos; ficou melhor do que no início do relacionamento.

Era como se nunca tivesse conhecido antes o verdadeiro Bill. Ele estivera sempre drogado e a maconha tinha um efeito sobre ele muito maior do que eu supunha. O novo Bill me extasiava. Afinal, não era tão paradão assim. Era vivo, sagaz, esperto e mais afirmativo. E tinha muita energia.

Após a terceira semana, contei-lhe o que eu havia percebido. Fiz uma avaliação positiva. Era óbvio para mim que a maconha o exauria de diversas formas. Tinha certeza de que ele também notara a diferença. Estava tão feliz que mal podia conter meu entusiasmo. Cercando-o, toda saltitante, contando o que havia testemunhado, falei da minha esperança no nosso relacionamento. Ele estava de pé na cozinha, encostado no fogão. Não disse uma palavra até eu terminar. Aí, falou:

— Não notei nenhuma diferença nessas últimas semanas. Não sei o que foi que você viu, mas eu continuei o mesmo. Só me senti mais tenso e ansioso.

A ÚNICA PESSOA QUE VOCÊ PODE MUDAR É VOCÊ MESMA(O)

AQUILO ME CHOCOU. COMO É QUE não notara a mudança nele mesmo? Até certo ponto, tinha razão: estava mais tenso — mas isso era apenas a pressão diária que todos sentimos ao longo da vida. Quando Bill fumava maconha, não sentia as pressões naturais da vida. Durante anos elas ficaram entorpecidas. Senti-las novamente deixou-o desarmado e foi também desagradável.

Falou que não gostava da sensação de ficar "careta". Gostava de câmara lenta, de fazer apenas o suficiente para ir levando. Gostava de ficar "na dele" e de se relacionar num nível que lhe agradasse. Seu mundo era formado de percepções "cabeça". Eu estava "por fora" e queria penetrar nesse mundo, mais com medo de viver que de morrer. Bill voltou a fumar maconha e acabamos por nos separar.

A experiência com Bill me ensinou uma lição importante: não podemos mudar aqueles que amamos. Só podemos mudar a nós mesmos. Claro que podemos ter grande influência na vida da outra pessoa, mas cada um tem que fazer sozinho a sua tarefa. Por mais duro que possa parecer, temos que enfrentar a nossa própria dor, enfrentar os nossos medos e assumir responsabilidade por nossos erros.

DIGO NÃO A QUALQUER DROGA, INCLUSIVE O ÁLCOOL

TODO ANO as pesquisas nos mostram os efeitos nocivos da maconha. Fumada constantemente, a erva diminui a energia da pessoa, altera a personalidade, distorce o raciocínio, reduz a ambição, diminui a concentração e embota o desejo sexual. Ela muda nossa percepção do tempo e o relacionamento com os outros.

Por curtíssimo período, Bill e eu experimentamos cocaína. De início pensei que podia ser divertido, que seria estimulante para mim. *Mas para que preciso de estímulo? Já tenho energia demais.* A cocaína me jogou na estratosfera. Era combustível de foguete e parecia perigoso. Meu coração batia um bocado acelerado e eu ficava tensa demais para fazer qualquer coisa construtiva. Como gosto de realizar coisas, de agir, listava tudo o que podia fazer, porque a coca me dava mais energia. Depois, fazia outra lista, para o caso de realizar tudo o que estava na primeira listagem. Tudo o que conseguia fazer com cocaína era preparar listas. O efeito da cocaína era cortado com laxante de bebê, de modo que em geral ela me mandava era para o banheiro.

O efeito no meu apetite sexual foi pior. Eu me ocupava em falar e falar sobre coisa alguma e em fazer listas. Quando tentava fazer sexo, estava tensa demais para gozar. Outro mito da droga: a cocaína não aumenta o apetite sexual. Graças a Deus, minha experiência com a cocaína foi apenas um curto lapso de sanidade. Tinha concluído minhas experiências com drogas — ainda bem que foram moderadas e breves.

Aprendi um bocado com a dependência de Bill em relação à maconha e minha tola experiência com a cocaína. Nenhuma droga pode aumentar o desejo sexual de ninguém do mesmo jeito que a auto-estima. Cada geração tem a sua droga sexual e o tráfico propagandeia *seus inacreditáveis* efeitos sobre a atividade sexual: *Isso vai deixar você de pau duro um tempão.* Ou: *Você vai gozar mais intensamente.* Ou ainda: *Você vai ficar muito esperta(o).* As drogas são um grande negócio e aqueles que as empurram dizem qualquer coisa para fisgar o consumidor.

Os seres humanos são basicamente preguiçosos e estamos sempre à procura da solução mais rápida e mais fácil, em busca da droga que "resolva" a coisa para nós. Nada aumenta o desejo sexual e intensifica as experiências sexuais de forma mais duradoura que a velha, boa, simples e serena maneira de pensar e sentir.

Você pode achar que determinada droga faz sua experiência sexual parecer mais intensa, mas na verdade é a droga que está tendo essa intensa experiência, não você.

Sei o que alguns podem estar pensando neste exato momento. *Está certo, mas tive muito sexo legal de cabeça feita.* Pode ser, SÓ QUE... se comparar esses momentos a experiências sexuais obtidas com total honestidade e perfeita consciência, com amor e respeito por si mesmo e pela outra pessoa, tais momentos se revelam meio vazios, ocos. De fato, não há comparação.

Em vez de apelar ao álcool e às drogas, podemos recorrer ao melhor instrumento sexual que temos dentro de nós — a nossa mente. Estaremos muito mais "cabeças" que com qualquer droga quando

1. nos concentrarmos no nosso próprio prazer e no do parceiro;

2. explorarmos lenta e cuidadosamente a intensa sensação de tocar outra pessoa e nossos próprios corpos;

3. nos abrirmos à energia sexual positiva que flui entre duas pessoas que sentem carinho uma pela outra;

4. nos permitirmos desfrutar da nossa sexualidade sem culpa ou vergonha;

5. utilizarmos o sexo para nos aproximarmos da outra pessoa, criando mais honestidade e confiança;

6. e colocarmos alegria e riso numa das mais intensas experiências da vida.

Com o tempo, atingiremos níveis que só podem ser mais autênticos e satisfatórios. E esse "barato" nunca termina, porque está sob nosso controle, é parte do nosso ser. A autoconfiança é um verdadeiro barato. A confiança em nós mesmos é um verdadeiro barato. Em vez da droga nos controlar, nós é que dirigimos o curso dos nossos sentimentos e sensações sexuais e controlamos sua intensidade. E não há perigo de *overdose*.

A RELAÇÃO SEXUAL DEVIA SER UMA EXPERIÊNCIA DE OPORTUNIDADES IGUAIS

ÀS VEZES É PRECISO UM DOLOROSO despertar, como aconteceu na minha relação com Bill, para nos lembrar que a relação sexual é uma troca que requer uma atitude de partilha e igualdade. Embora no início a gente não fizesse amor de forma ruim, logo a coisa degringolou por causa do abuso de droga por parte de Bill e da nossa falta de comunicação com abertura e honestidade. É por isso que sugiro aos casais que façam uma periódica checagem de honestidade sexual para garantir que esse íntimo e complexo ato dê prazer e satisfação a *ambos* os parceiros.

Para aceitar a relação sexual como um ato com oportunidades iguais, cada parceiro deve acreditar que o outro merece igual satisfação. O relacionamento torna-se problemático se um dos parceiros pensa que tem mais direito à experiência ou que seu prazer é mais importante que o da outra pessoa.

- Ambos os amantes devem se comprometer a dividir o controle e desejar dar e receber.

- Ambos devem desejar encarregar-se da própria excitação e participar ativamente da produção do seu próprio prazer.

- Ambos devem se comunicar VERBALMENTE (não por meio de sinais) e nunca fingir prazer ou orgasmo.

- Ambos devem estar empenhados em fazer da relação sexual uma ligação física, emocional e espiritual.

E, a propósito, nenhuma posição sexual realmente satisfatória é o que se possa chamar de "romântica". Deixe o seu eu se soltar e goze as sensações sem se preocupar com o que vai parecer. O momento é de amar, rir, brincar.

A COMUNICAÇÃO SINCERA CRIA CONFIANÇA E A CONFIANÇA É QUE DÁ O MELHOR DO SEXO

SE VOCÊ MENTE AO PARCEIRO A respeito de sexo, então é provável que minta a ele ou a ela sobre outros aspectos da vida em comum. No meu caso, só conseguia encarar Bill e lhe dizer a verdade quando as coisas chegavam a um ponto insustentável. Mas esperneei sobre o meu orgasmo porque nossa vida sexual estava literalmente virando fumaça.

Há muitas maneiras de mentir para a outra pessoa: dizemos que gostamos de alguma coisa quando de fato não gostamos, fingimos o orgasmo ou dizemos que sabemos fazer algo na cama quando na verdade nunca o fizemos. Realmente não importa o tipo de mentira, o que importa é que não nos sentimos seguros o bastante para dizer a verdade.

E não é sempre na outra pessoa que não confiamos. Mentir significa que não nos sentimos muito bem com nós mesmas. De início, não me sentia amada ou desejada por Bill. Não acreditava que meu eu verdadeiro fosse bom de fato, não confiava que tinha o direito de ser satisfeita ou de me colocar em pé de igualdade com ele. Então a mentira prosseguia e eu fui ficando cada vez mais frustrada e ressentida com a situação sexual insatisfatória.

E, o que é pior, é difícil acreditar no seu parceiro se você estiver mentindo. Eu pensava: *Como é que você pode me amar se eu minto para você?* As mentiras de amor minam a confiança entre duas pessoas e levam à deterioração do relacionamento.

Dizer a verdade no sexo torna mais fácil ser verdadeiro nos outros aspectos do relacionamento. Se você é capaz de comunicar com sinceridade quem você é sexualmente, fica bem mais fácil ser honesta com o que você realmente sente e o que realmente precisa. Eis uma amostra de uma das minhas verdadeiras confissões de mentira no amor:

> *Preciso lhe contar algo que é difícil para mim dizer. Antes de mais nada, quero que saiba que realmente amo você e quero que confie em mim. E a única maneira de você confiar em mim é lhe dizendo a verdade. Também quero que a nossa vida sexual continue cada vez melhor; então, lhe dizendo isso também estou provando que quero ser a melhor amante possível. Tenho andado insatisfeita com nossa relação sexual e peço desculpas por não ter dito isso antes. Tinha medo que pensasse que era tudo culpa sua ou que você não me atraía mais. Não é o caso. Você ainda me atrai muito. Mas preciso que saiba do que eu gosto, o que desejo. Tenho sido passiva demais, deixando que você assuma o controle total. Sei que você precisa ser atuante para se excitar, então eu simplesmente me deito e deixo você assumir o comando. Isso não é justo nem comigo nem com você. Quero construir uma vida sexual satisfatória para nós dois, cada um dando e recebendo prazer de fato. Por isso espero que você aceite minhas desculpas por não ter-lhe falado antes e que me deixe mostrar mais o que funciona comigo e me ajude a ter mais prazer sexual.*

A resposta do meu parceiro foi um abraço, com estas palavras:

Realmente gostei que tenha me dito isso. De fato, querer comandar é realmente um problema comigo. Sempre me esforcei demais para dar prazer a minha parceira, sempre me senti obrigado a isso. Às vezes era uma maneira de evitar me envolver emocionalmente, para não me ferir. Se assumia sexualmente o comando, eu me sentia mais seguro. Agora percebo que não dava espaço a minhas emoções. Quero deixar você chegar, estou envolvido com você e me sinto de fato seguro. Peço desculpas também — tentarei ser menos controlador na relação.

E aí ele disse o melhor de tudo: "Vamos levar pelo menos um ano para fazer direito essa coisa." Rimos juntos e marcamos a data no calendário.

Uma confiança duradoura resulta apenas da sinceridade. Às vezes achamos que confiamos em alguém antes de realmente conhecermos a pessoa, mas isso não é confiança de fato. É apenas desejo de confiar. Acontece que querer confiar não é a mesma coisa que confiar — é uma ilusão que fabricamos para tentar conseguir o amor que desesperadamente buscamos. A palavra-chave aqui é *desesperadamente*. O desespero não contribui para a sinceridade ou a confiança. A desesperança nos conduz a todas as estradas falsas do amor. E acabamos por nos sentir sem valor e sem saída. Ser honesta e sincera comigo me ajudou a confiar mais em mim mesma e a diminuir minha desesperada necessidade de amor e aceitação.

A confiança baseada na sinceridade significa sentir-se e saber-se em segurança numa situação sexual: segura o bastante para explorar o novo, segura o bastante para não temer a própria vulnerabilidade, segura o bastante para participar de um relacionamento em todos os níveis — física, emocional, intelectual e espiritualmente.

Pouco atrás mencionei a idéia da anistia sexual. Em geral afundamos no ressentimento antes sequer de admitir abertamente que há um problema. Por inúmeras razões, somos mestres em evitar pequenas questões até que se tornem grandes problemas. E a sexualidade é uma questão de grande importância num relacionamento. Nossa vida sexual é, sob vários aspectos, reflexo do relacionamento como um todo. Pode ser boa ou ruim, penosa ou alegre, um fracasso ou um triunfo. E, se nossas transgressões sexuais não forem excessivas nem devastadoras demais, a maioria das nossas questões sexuais e ressentimentos pode ser resolvida.

O primeiro passo é conceder anistia sexual um ao outro. A anistia nos dá liberdade para continuar a construir uma vida sexual mutuamente satisfatória. Ela permite que nos preocupemos mais em solucionar do que em descobrir quem é o culpado pelo problema. Não podemos criar efetiva parceria se ambos os parceiros não ajudarem na solução. E é difícil tomar parte na solução se você é sempre criticado, apontado como sendo o problema.

O passo seguinte é perdoar-se e perdoar o outro. É o caminho mais rápido para um novo começo. O ressentimento ergue muralhas para evitar novos desapontamentos e dor. Mas essas muralhas também impedem que o amor entre. Tais barreiras podem parecer necessárias para nos proteger, mas apenas criam mais isolamento e solidão.

Se você está presa(o) numa rotina sexual e a comunicação sincera se perdeu, eis algumas dicas para romper o cerco:

1. Perdoe-se e será mais fácil admitir a verdade. Pare de se punir.

2. Não há nenhuma garantia de que a outra pessoa terá uma atitude idêntica à sua, que é igualmente capaz de perdoar. Diga a verdade por si, porque é a coisa certa a fazer. Os parceiros muitas vezes conseguem perdoar quando há um sincero pedido de desculpas. Aqui, a palavra-chave é *sinceridade*.

3. Use palavras e um tom de voz não defensivos. A maneira de dizer a verdade também é importante. Isso mostra um desejo de assumir responsabilidade por nossa atitude desonesta.

4. Não "diga a verdade" culpando na mesma frase a outra pessoa pela mentira que você pregou. É fato que muitos amantes não facilitam a prática de dizer a verdade. Lembre-se, para começar, que a mentira foi uma opção conjunta sobre como lidar com a situação.

5. Diga toda a verdade logo de uma vez. Se quer que a outra pessoa confie em você, não sabote o processo omitindo parte da verdade. A mentira tem rabo curto, que aparecerá na primeira oportunidade.

Dizer a verdade leva tempo e exige prática. Seja paciente com você e com a outra pessoa. A maioria das pessoas não foi educada para se sentir à vontade em discutir suas necessidades sexuais de forma sincera. E tente não tomar a verdade de forma tão pessoal que isso a(o) deixe incapaz de ver a coisa em perspectiva e de seguir em frente. Suponho que você comprou este livro porque sabe que merece ter o melhor do amor e do sexo. Não jogue tudo fora por causa de ressentimentos e mágoas passadas.

*S*EJA SINCERA(O) A RESPEITO DE SUA SEXUALIDADE

POR NÃO RECEBER DE BILL tudo o que eu precisava sexualmente, tive que falar abertamente de minhas necessidades, por mim mesma. De início, estava zangada, o que me deu coragem para lhe pedir que mudasse seu comportamento. Então, tive que analisar até que ponto estava sendo honesta comigo mesma e com meus desejos sexuais. Claro que não queria um parceiro que caía no sono no meio da relação sexual ou que gozava muito antes de eu me excitar.

A melhor coisa em ser sincera acerca da minha própria sexualidade foi que realmente aprendi sobre minhas reais necessidades de prazer. Aprendi o que precisava para me satisfazer e o que me levava ao orgasmo. E comecei a aceitar meu eu sexual.

Ser sincera(o) consigo encoraja a exploração da vida e o crescimento sem pressões ou medo de fracassar. E quando você é sincera(o) consigo mesma(o) e com a outra pessoa, você ganha confiança para continuar a se expressar com sinceridade.

Hoje, posso dizer as palavras que descrevem quem eu sou sexualmente e por que futuro eu luto. Com efeito, ser capaz de descrever quem você é sexualmente é um grande exercício para se tornar mais sincera(o) consigo mesma(o). Vou primeiro, depois tente você.

Sou muito sexual, mas preciso que as minhas experiências sexuais, em especial a cópula, estejam ligadas a todas as outras partes de mim mesma — meus lados emocional e espiritual. Tentei fazer sexo apenas de maneira física e vi que consigo realizar todos os movimentos, talvez até gozar, mas por que ia querer isso? Sinto-me mais vazia do que plena, mais confusa que confiante, e desconectada do meu ser total.

Só fico sexualmente desinibida quando me sinto emocionalmente segura.

Gosto e preciso me ajudar a ter orgasmo. Não tenho orgasmo meramente por estimulação vaginal. Preciso esfregar meu clitóris ao mesmo tempo. Tive orgasmos no coito quando estava por cima, mas muitas vezes isso requer um esforço demasiado e desnecessário.

Ainda não tenho orgasmo com sexo oral, mas estou trabalhando nisso. Se conseguir, ótimo, mas não me sentirei mal se isso nunca acontecer. De qualquer forma, me deixa muito excitada. Gosto também que a pessoa mexa com o dedo na minha vagina.

Tenho dificuldades em gozar quando estou muito cansada ou estressada. O orgasmo me ajuda a relaxar.

Não rio quando faço sexo. Gosto de ficar olhando a gente num espelho. Gosto também que haja luz bastante para ver o que estamos fazendo.

Meus seios e mamilos são muito sensíveis e adoro que sejam acariciados. Beijos no pescoço me arrepiam toda.

Gosto de começar o coito bem devagar. Quanto mais devagar a gente for, mais rápido chego ao orgasmo.

Bem, aí está algo do que sou sexualmente, no momento. Sei que continuarei a crescer e mudar. Agora é a sua vez.

É UM GRANDE BARATO SENTIR SEU PRÓPRIO VALOR

SEXO É A CONEXÃO DOS NOSSOS eus físico, emocional e espiritual. Só olhando para dentro e nos livrando de nossos complicados medos e crenças sexuais é que nos tornamos mais conscientes. Descobrir esses medos e crenças pode levar algum tempo, mas os resultados são concretos. Quando se torna mais consciente, você aprende a definição de ser em nível mais elevado. Nenhuma droga pode lhe dar isso, só a sua própria mente e vontade. Olhar para fora de si em busca de um barato sexual é apenas uma contradição.

Bill e eu não tínhamos um relacionamento honesto, sexual ou o que fosse. A coisa girava em torno do seu consumo de droga e da minha aceitação disso. Eu era muito insegura para enfrentar sua dependência de drogas e ele estava envolto demais numa nuvem de fumaça para ver a verdade. *Nenhum relacionamento pode durar quando há drogas ou álcool envolvidos.* Nenhuma droga pode de fato estimular o sexo, que deve ser saboreado com todos os sentidos naturais, com todo o sentimento e energia espiritual. Além do mais, não podemos de fato nos comunicar sincera e abertamente sob o efeito de drogas ou álcool. Essas substâncias apenas erguem uma barreira entre duas pessoas e causam uma perda de confiança no relacionamento.

Temos que ser verdadeiros com as pessoas de nossa geração e com as novas gerações. Nunca senti um *barato* tão grande como hoje. Por quê? Porque nunca me senti tão amada e tão confiante no meu valor pessoal. Não estou falando de sucesso na carreira ou de *me dar bem* no mundo exterior, material, mas do meu próprio crescimento como pessoa. Não invento mais desculpas nem preciso criar desvios artificiais ou colocar bloqueios na minha vida. Fiz um firme progresso, palpável, com um passo de cada vez. Dependo apenas de mim mesma. Aprendi a mergulhar fundo em mim mesma e a descobrir a verdadeira coragem, força e autoconfiança. Só tenho ressaca de amor-próprio. Acordo sabendo que há sempre mais a conquistar, a aprender, a sentir, e mais trabalho a fazer. E muito mais coisas para apreciar.

Nenhuma droga pode lhe dar isso tudo.

A propaganda boca a boca é a melhor promoção para o uso de drogas. Não seria mais benéfico dizer a verdade um ao outro — que sexo íntegro e simples, tranqüilo, é o maior barato? Espalhem isso.

CAPÍTULO 8

Responsabilidade com sua vida sexual

É melhor pensar antes de fazer sexo.

GRASSA MAIS UMA DOENÇA VENÉREA

POR VOLTA DE 1981, LI pela primeira vez sobre uma doença que afetava jovens homossexuais do sexo masculino. Ninguém sabia qual era a causa dessa nova doença e quem a contraísse morria rápida e silenciosamente. Um alarme soou dentro de mim: não queria que coisa tão terrível acontecesse com meu irmão, Jimmy.

Jimmy era homossexual mas não efeminado. Na verdade, odiava homens efeminados. Está bem, não os odiava; apenas não tinha atração por eles. Eu sempre dizia a ele: "Você é um porco chauvinista, um machista" — e caíamos na gargalhada. Tinha muito orgulho do meu "irmãozinho". Como minha "irmãzona", ele travou uma guerra contra o vício do álcool e venceu. Então ousou abandonar a nossa cidadezinha e sua fobia ao homossexualismo.

A única maneira que eu tinha de conhecer essa doença era através dos jornais de homossexuais que Jimmy trazia para casa ou de alguns artiguetes escondidos na última página do *Boston Globe*. A comunidade médica estava em pânico, mas não fazia comentários públicos sobre a gravidade dessa nova enfermidade, chamada AIDS. Queria saber a respeito dessa epidemia silenciosa porque me tocava pessoalmente. Afinal, meu irmão era homossexual e essa doença parecia ter como alvo homossexuais do sexo masculino. Como trabalhara no final da década de 60 como voluntária no socorro de urgência a drogados, sabia que podia ajudar de alguma maneira. Então liguei para a única organização em Massachusetts que estava atendendo e informando aidéticos e me tornei voluntária nesse serviço.

Comecei meu trabalho contra a AIDS e uma odisséia pelo sexo seguro no escritório do Comitê de Ação contra a AIDS, instalado num porão no centro de Boston. À época, tudo o que eu sabia era que um vírus era transmitido pelo sexo, em transfusões de sangue e através do uso de drogas injetadas. Muitos achavam que o sexo era a via mais provável de transmissão. O que eu não sabia era que meu trabalho com aidéticos me ajudaria a descobrir que *sexo seguro* não é apenas uma questão de evitar doenças.

Bem, lá estávamos nós, voluntários bem-educados, numa das primeiras organizações anti-AIDS do país. As associações comunitárias queriam informação sobre a doença e nós batalhávamos para dar essas informações. Sabíamos mais que a maioria acerca do vírus e da enfermidade que causava, e nos tornamos um pequeno e instruído bando de voluntários pronto a lutar contra a disseminação da epidemia. Íamos à comunidade recrutar quem estivesse disposto, homossexual ou não, a se juntar à causa. Sabíamos perfeitamente não apenas que corríamos o risco de perder algum ente querido, mas também que podíamos igualmente ser contaminados.

Era doloroso, jovens homossexuais estavam morrendo de AIDS e morrendo sozinhos. Não apenas escondiam da família a vida que levavam; agora, com o surgimento da AIDS, esses jovens enfrentavam terrível pesadelo. Tinham que contar aos pais que eram homossexuais e que tinham uma doença que os levaria com certeza à morte. A maioria esperava que as famílias os ajudassem nessa hora trágica e, felizmente, algumas o faziam. Infelizmente, porém, muitas se negavam. Voluntária no combate à AIDS e experimentada no atendimento em abrigos para drogados, estava no meio daquela brava gente que ajudou esses jovens a enfrentar o medo e, em muitos casos, a enfrentar a morte, na esperança de maior aceitação e carinho numa vida futura. Aprendi que tínhamos de partilhar amor, em vez de medo.

A VERDADE SOBRE AS DOENÇAS VENÉREAS

EIS O QUE APRENDI SOBRE doenças sexualmente transmissíveis: você pode ser contaminado por HIV (o vírus da AIDS), sífilis, gonorréia, verrugas venéreas e todo tipo de microorganismos e parasitas numa única relação sexual ou ter sorte e fazer sexo com um batalhão de pessoas desconhecidas sem contrair absolutamente nada. Aqui devo dizer o óbvio: quanto mais parceiros sexuais você tiver, maior o risco de pegar algo indesejado.

Nosso sistema imunológico é a rede de defesa do corpo, e sua função é destruir ou neutralizar substâncias estranhas ao organismo, como o sêmen ou líquido vaginal de outra pessoa. Repetidas invasões podem enfraquecer o sistema imunológico. Não fomos feitos para sobrecarregar nosso organismo com uma variedade de fluidos cheios de bactérias. Isso apenas dá um excesso de trabalho ao sistema imunológico. As drogas, entre elas o álcool e o tabaco, causam ainda mais danos ao sistema. Uma alimentação pobre também cobra seu preço e os poluentes matam o resto das células imunológicas do corpo. Os médicos e cientistas dizem que um sistema imunológico enfraquecido aumenta as chances de se contrair um vírus que, depois de entrar no corpo, pode crescer e se multiplicar rapidamente.

Ao longo do tempo, muitas curas foram descobertas para as doenças sexualmente transmissíveis e, com cada novo antídoto, ficamos novamente aliviados do risco de infecção. E assim que nos sentimos de novo livres e seguros, TCHAN!, somos ameaçados por uma nova doença mais forte que qualquer antibiótico. Hoje, essa doença é a AIDS.

A CAMISINHA É A PROTEÇÃO SEGURA

NOS INTERVALOS DE NOSSAS REUNIÕES educativas sobre AIDS, eu e Eric, um educador homossexual amoroso e engraçadíssimo, passávamos a limpo nossos novos amores. Como chefes de torcida, dávamos apoio e incentivo um ao outro para alcançar o sucesso no amor.

Eu estava me encontrando com um sujeito chamado Bob havia alguns meses e gostava dele de verdade. Esperava que ele quisesse compromisso mais sério, mas ainda era muito cedo para saber. Bob e eu conversávamos muito — sobre o nosso passado, o presente e nossos objetivos para o futuro. Como todo casal recente, dávamos o melhor de cada um de nós no relacionamento e, até ali, a coisa evoluía bem.

Eric também tinha um novo amor e nós dois admitíamos que íamos "fazer aquilo" com os novos parceiros. Já tínhamos esperado bastante tempo, na nossa opinião, indo bem devagar até chegar a esse ponto. Eric e eu éramos bem informados sobre os riscos envolvidos na atividade sexual e praticávamos um com o outro o que dizer a nossos parceiros sobre o sexo seguro. Sabíamos, mais do que a maioria, como era importante usar camisinha. Também sabíamos, mais que a maioria, como usá-la corretamente. Ninguém estava mais preparado para o sexo seguro do que Eric e eu. Sabíamos que se as pessoas aceitarem que certas maneiras de praticar sexo serão *sempre* arriscadas, então será menos provável que caiam na armadilha da falsa segurança.

Também sabíamos que a principal razão pela qual muitos de nós continuam se metendo em problemas é que usamos erroneamente nossos órgãos genitais. Como? Assim:

O **sexo anal** (pênis no reto) sempre foi arriscado por causa da estrutura do ânus, não importa se a pessoa é homem ou mulher. O tecido fino no interior do ânus se rompe facilmente. Mesmo um fragmento de casca de noz engolido por engano e que passe pelo reto pode romper esse tecido delicado. Ele não se abre muito nem é elástico. Por isso, enfiar um pênis duro e grande no ânus pode rasgá-lo. As unhas também são perigosas. Qualquer coisa enfiada com muita força pode causar rupturas e esfolamentos.

Se há uma laceração nas paredes do ânus (mesmo microscópica), bactérias, germes e vírus (como o HIV) podem ser depositados pelo pênis diretamente na corrente sangüínea. Mesmo que não haja rupturas, alguns germes ainda podem passar pelo tecido e causar infecção. Não é o HIV que torna arriscado enfiar um pênis no ânus. Essa sempre foi uma atividade sexual perigosa.

O **coito vaginal** também tem seus riscos. Claro, a vagina foi feita para acomodar o pênis, pois é mais forte e mais flexível que a passagem anal. O tecido interno da vagina é mais elástico e pode suportar alguma fricção e estocadas sem dano. Mas não é indestrutível. Estocadas muito fortes e prolongadas podem causar irritações nas paredes internas posteriores da vagina, o que permite a entrada de germes, bactérias e vírus na corrente sangüínea. Pela abertura no fundo da vagina — o colo uterino — esperma e germes podem atingir o sangue através do útero. Os repetidos e vigorosos movimentos do pênis para dentro e para fora da vagina podem pressionar a uretra, forçando a entrada de germes na bexiga da mulher, causando infecções urinárias. E, é claro, há sempre o risco de gravidez.

Os homens também não estão livres de risco. Quando o pênis fica irritado por excesso de fricção sem a lubrificação necessária, germes podem penetrar na corrente sangüínea através de esfoladuras ou pequenas escoriações. A ponta do pênis tem um orifício que se abre em dois tubos, um para a urina e outro para o sêmen*. Esses tubos são de tecido delicado que também pode sofrer dano ou irritação durante o coito vaginal.

Vejamos, por fim, o **sexo oral**, ou seja, pôr um pênis na boca ou pôr a boca numa vulva ou pôr a língua na vagina ou no ânus. Se um sujeito tem no pênis uma bactéria ou vírus contraído sexualmente, isso pode ser transmitido pela boca.

---

*Na verdade, o sêmen e a urina são expelidos pelo mesmo canal, a uretra, cuja acidez — assim como a da vagina — é neutralizada para os espermatozóides por secreção alcalina da próstata. (*N. da T.*)

Alguns germes na pele do pênis ou nas secreções produzidas antes do orgasmo, como também no esperma, podem penetrar as mucosas da boca e atingir a corrente sangüínea. E se o pênis for friccionado na boca com muita força e por muito tempo, pode causar escoriações na mucosa bucal. A mesma coisa ocorre quando a boca entra em contato com a vulva e a vagina. As secreções vaginais, assim como o sêmen, podem conter vírus como o HIV. E há mais um fator: as mulheres podem ter sangue na vagina (geralmente em pequena quantidade) mesmo quando não estão menstruadas. Pode ser uma quantidade insignificante, mas representa um risco extra para a pessoa que pratica o sexo oral.

Por fim, quando o sexo oral envolve o ânus, uma quantidade de germes além da conta é introduzida no corpo através da boca. Parasitas existentes nas fezes, se ingeridos, podem criar colônias no aparelho digestivo, o que provocará dores, diarréia e outros problemas difíceis de tratar.

Bem, aí estão os fatos, por tanto tempo ignorados.

Sexo e adolescentes. Sim, eles praticam!

COMO ERA A ÚNICA EDUCADORA sobre AIDS que tinha uma filha pré-adolescente, fui escolhida para falar a respeito de sexo seguro nas escolas secundárias locais. Por ser heterossexual, era mais aceitável para a maioria dos conselhos escolares e grupos de pais. Na minha primeira palestra, consegui atrair 1.500 adolescentes. Até os professores ficaram entusiasmados. Foi um grande acontecimento na minha vida e na deles. Conversamos, os adolescentes e eu, de forma aberta e explícita sobre as práticas sexuais. Tinha certeza de que a maioria dos professores não sabia que tais práticas existiam entre os estudantes. Poder ajudar na educação dessa geração tão vulnerável me fez bem.

Os adultos muitas vezes pensam que os adolescentes se acham imortais. Não me lembro de me sentir assim entre os 12 e os 20 anos. Sentia-me insegura, isso sim. Eu me corroía, obcecada, e chorava todo dia por alguma coisa. A morte me preocupava um bocado. Nunca fui tão pessimista e fatalista como naquele período da minha vida. Achava que atraía a má sorte como um ímã. Mas, mesmo assim, me arriscava: dirigia em alta velocidade, bebia demais, experimentava drogas, furtava coisas nas lojas, trapaceava, colava, mentia, era rebelde e não respeitava os horários. A necessidade de experimentar coisas novas era muito mais forte que o medo do castigo. Sabia que ia acabar arranjando problema, numa enrascada, mas achava que teria muito mais problemas emocionalmente se não corresse atrás do que julgava necessário para mim. Acima de tudo, eu tinha medo de qualquer coisa.

Não conseguia partilhar muitos sentimentos. Sabia que o mundo não gostava dos adolescentes. Éramos irresponsáveis, *um pé no saco*, e os adultos não conseguiam se relacionar com a gente. Lamentávamos nossa posição insignificante e nos esforçávamos para fazer exatamente o que eles esperavam dos adolescentes. Como quase todo garoto ou garota, eu sabia quando os adultos exageravam em alguma coisa. Eles queriam nos assustar, para impedir que fizéssemos certas coisas. A gente conhecia esse velho truque ultrapassado, que insultava a nossa inteligência, e por isso ficava com mais vontade ainda de transgredir.

Infelizmente, os adultos ainda usam a mesma tática — ameaçam com o inferno, a danação, a morte. Mas ameaças não funcionam. Com efeito, as estatísticas mostram que o risco de contrairmos uma doença sexualmente transmissível nunca foi tão grande, embora as novas gerações se iniciem no sexo cada vez mais cedo. Temos que começar a dizer aos garotos e garotas toda a verdade sobre o sexo e não ficar achando que podemos vencê-los em esperteza com táticas de intimidação.

POR QUE É TÃO DIFÍCIL PEDIR AO PARCEIRO QUE USE CAMISINHA?

TRÊS DIAS DEPOIS DE MINHA primeira palestra sobre sexo para adolescentes, vi-me enredada nos braços e pernas do meu namorado. *OK, Suzi, é hora de falar na camisinha*, disse para mim mesma. Estava na gaveta ao lado da cama, a poucos centímetros dos meus dedos. Bob estava deitado em cima de mim e sentia seu pênis ereto nas coxas, pronto para se enfiar na minha vagina.

Pensei comigo mesma: *Solte o ombro dele, estique o braço, pegue a camisinha e diga "deixe-me ajudá-lo a colocar isso". Ele não vai se importar; respeita tanto os meus sentimentos e necessidades. É, mas ele pode pensar que eu tenho uma doença venérea ou, pior, que eu suspeito que ele tem! Bem, ele pode ter mesmo; é por isso que precisamos da camisinha. Ele me contou que não fez sexo com muita gente, portanto o risco de ter o HIV é remoto, quase impossível. Por que vou me arriscar a perturbá-lo? Está tão excitado e se pararmos agora ele pode perder a ereção e ficar realmente embaraçado.* Resolvi que não havia problema em não usar a camisinha dessa vez, mas se fosse qualquer outro sujeito eu o faria colocar uma de qualquer jeito.

Que fiasco! Convenci a mim mesma a não usar a camisinha, todas as desculpas fui eu mesma que inventei! Sequer perguntei a ele! Poucos dias antes, tinha dito a um auditório repleto de adolescentes: "Esperem, não façam sexo apressadamente. Se não puderem esperar, *usem camisinha!*" Sabia que se não conseguissem usar camisinha, não estavam prontos para a relação sexual. Mas e quanto a mim? Como é que pude ser tão estúpida? O que foi feito de todo o meu treinamento e experiência? Mesmo com a ameaça do HIV, não conseguia pedir a meu parceiro que usasse camisinha.

O fato é que não é muita gente que usa.

Isso causava surpresa a alguns especialistas, mas não a mim. Os educadores sexuais achavam que as estatísticas sobre a AIDS fariam as pessoas correr às farmácias e encher de camisinha as cestas de compras. Mas isso não aconteceu e, então, gente famosa foi chamada a divulgar o uso do condom. Mas isso também não ajudou a aumentar as vendas.

O fato é que mais gente vai passar a usar camisinha só quando mudar de atitude. Até agora, cada anúncio que usa sexo para vender um produto reforça a idéia de que o sexo realmente prazeroso, em especial o coito, é espontâneo e feito sem se dizer palavra. Já é hora de os publicitários começarem a vender imagens de sexo que incluam o uso da camisinha e apóiem o adiamento da cópula. Gostaria de ver a camisinha divulgada como a cerveja ou o cinto de segurança. Temos poucos escrúpulos morais em fazer propaganda de bebidas alcoólicas, que tiram mais vidas e destroem mais famílias do que todas as outras drogas juntas, mas não podemos anunciar um item essencial de saúde como a camisinha. Felizmente, agora temos em Washington um governo que promove o uso do condom em anúncios oficiais na TV, mas os comerciais comuns de camisinha ainda são coisa esporádica.

As campanhas que promovem o uso da camisinha são, em geral, dirigidas aos homens. Mas os homens continuam a resistir ao uso do preservativo, de forma que as últimas tentativas têm sido para levar as mulheres a pedir aos parceiros que ponham a camisinha. Como no meu caso, porém, antes que as mulheres possam exigir a cada vez o uso do condom, têm que sentir a força que vem do amor-próprio e da dignidade. Enquanto as mulheres acreditarem que o sexo é mais importante para os homens que para elas, permanecerão caladas e os homens que se recusam a usar camisinha continuarão a mandar.

Por que eu não fiz o que fui treinada a dizer aos outros que fizessem? Que parte de mim mesma deu para trás? Que coisa aconteceu naquela cama para a qual eu não estava preparada? Fiquei tão abalada por esse fracasso que quase faltei à palestra seguinte que daria. Como contar aquilo a Eric? *Não, chega de palestras sobre AIDS, você não tem condições para isso, Suzi.*

De cara, Eric me perguntou sobre a noite com o "sr. Maravilha". Esperei um pouco antes de responder e, então, disse o que aconteceu. "Não usamos camisinha. Na verdade, nem toquei no assunto." Fiquei tão envergonhada. Eric nada disse. Sabia que estava desapontado comigo. Mas de repente ele chegou bem perto, pôs o braço no meu ombro e falou baixinho: "Nós também não."

Pensei comigo mesma: *O que está acontecendo?* Como é que falhamos em mudar nosso comportamento sexual quando éramos justamente os chamados especialistas no assunto? Fomos educados, treinados para isso, tínhamos experiência. Era óbvio que tanto eu quanto ele tínhamos mais o que aprender.

AS NECESSIDADES DESESPERADAS SÃO SEMPRE MAIS FORTES QUE OS REQUISITOS DE SEGURANÇA

MEU TRABALHO COM AIDÉTICOS produziu uma mudança mais radical nas minhas atitudes. Comecei a questionar mais fundo as razões por trás dos nossos encontros sexuais e por que a auto-estima e o sexo andam de mãos dadas. Aprendi com o meu próprio comportamento que o risco de pegar uma doença sexualmente transmissível, até mesmo a AIDS, não basta para mudar nossa atitude.

A epidemia de AIDS está crescendo, mas os pesquisadores dizem que ainda assim, em certos grupos, a percentagem de pessoas que usam camisinha só aumentou ligeiramente. Não fico surpresa com isso também, pois o medo de engravidar não reduz em nada a prática do coito vaginal.

Se fôssemos estritamente racionais, a ameaça de um vírus potencialmente letal que é transmitido pelo sexo anal, vaginal ou oral nos afastaria dessa roleta-russa. Mas as manifestações sexuais não se baseiam na racionalidade. Se o medo da rejeição, da solidão, do abuso físico ou emocional é maior que o da infecção, a gente puxa o cão da arma, aponta e atira. Se nos arriscamos uma vez e não pegamos nada, essa experiência pode nos dar uma sensação de alívio e poder. Superar as desvantagens da situação nos ilude, levando-nos a crer que o risco é um exagero. "Tive um monte de experiências sexuais e nunca peguei uma doença venérea", dizem alguns. Quando o risco no sexo é a AIDS, aqueles que têm sorte podem supor que os que não têm fizeram algo de errado. Uma série de casas vazias nos dá uma falsa sensação de confiança e continuamos o jogo.

Meu fracasso em exigir o uso da camisinha foi o começo de uma grande vitória. Pensei nesse episódio semanas a fio, meses, até entender o que se passou. Primeiro examinei a mim mesma com rigor. Embora a auto-estima tivesse crescido com os anos, era ainda muito insegura nos relacionamentos. Meu maior medo era ser rejeitada por alguém de quem eu precisasse. Era desesperada por reconhecimento e aceitação, especialmente da parte de um homem. Esse único medo podia suplantar e suplantava qualquer força ou coragem acumulada em outros setores da minha vida. Eu mantinha minha posição nas situações mais hostis — no emprego, na comunidade, na proteção a meus entes queridos —, valendo-me exclusivamente de mim mesma e defendendo os outros. Mas, quando se tratava do amor de um parceiro, agia por puro desespero.

Todo o mal causado à menininha pelo abuso e rejeição emocionais de meu pai ainda comandava a minha vida. Isso superava todas as melhores intenções e qualquer senso comum que eu pudesse ter. A educação que recebi sobre sexo seguro não era tão importante para minha auto-estima como as necessidades emocionais. Ou pelo menos era o que eu pensava à época. Faltava um meio-termo entre o que eu sabia ser correto e o que precisava emocionalmente. Precisava mais que Bob me quisesse do que fazer a coisa certa para proteger a minha vida da AIDS.

Sabia no fundo que não poderia garantir o sucesso ou mudar o meu comportamento sexual se não resolvesse primeiro essa carência de aceitação e aprovação. Por mais louco que isso possa parecer, *eu estava disposta a morrer apenas para ser amada.* Essa desesperada necessidade de ser amada me amedrontava ainda mais que o HIV. Finalmente compreendi por que homens e mulheres correm riscos tão gigantescos na vida para estar com pessoas de quem acham que precisam, pois eu sentia o mesmo. Embora as pesquisas sociológicas e psicológicas nos digam que o instinto mais forte no ser humano é o da sobrevivência, muitos de nós continuam a optar pelo bem-estar emocional no lugar da sobrevivência física. Os pesquisadores não levam em conta nosso comportamento emocional. Eles subestimam a dor da solidão e o desejo desesperado de ser querido e importante, mesmo que por um breve momento superficial.

Eu sabia que estava fadada a repetir meu fracasso na cama com outro "sr. Maravilha" se não pusesse um ponto final a essa falta de amor-próprio e de valorização pessoal. Sabia que o *sexo seguro* tinha a ver com o fato de me sentir segura com o parceiro o bastante para lhe dizer a verdade. Sabia também que a informação e a educação sexual não podiam me fazer mudar velhos padrões de comportamento. Afinal, eu me apoiava nesses padrões havia muitos anos; eles me ajudavam a aliviar o medo de ser rejeitada. Quando criança, me esforcei muito para que meu pai me amasse. Adulta, freqüentemente seguia caminhos perigosos por um mero momento de validação da parte de alguma outra pessoa.

O medo da rejeição pode nos levar a fazer coisas malucas. Muitos decidimos ter um encontro sexual com alguém mesmo quando não desejamos isso. Mas precisamos desesperadamente de uma *transa*, seja o que for. E quase inconscientemente nos vemos de repente praticando o ato sexual. Fingimos nossos gestos, tudo o que acontece, até dizendo a nós mesmos que está ótimo. Tentamos preencher necessidades emocionais com a atuação sexual. Usado dessa maneira, o sexo não preenche tais necessidades. Em vez disso, deixa a gente vazia, ferida, confusa, com raiva e, às vezes, contaminada.

Não percebia que para me sentir segura tinha que acreditar em mim mesma. Sempre procurei relacionamentos para me sentir importante. Se as pessoas gostavam de mim, tudo bem. Fazia mais do que a minha parte para que o relacionamento funcionasse. Mas, se não recebia o que precisava, ficava ressentida. Tentava demais agradar a outra pessoa e agüentava tanta coisa. Em vez de contar comigo mesma para me sentir bem, eu contava com os outros. Não queria enfrentar o fato de que meu parceiro não tinha a intenção de criar um relacionamento feliz e mutuamente satisfatório. Afinal, ele tinha seus próprios demônios emocionais para exorcizar também. Então, quando a relação terminava, eu passava rapidamente para outra. Não queria sentir aquele terrível vazio emocional nas entranhas, pois isso doía demais e me lembrava a infância, quando me sentia tão insignificante.

Eu compreendia a psicologia do comportamento humano, especialmente o meu, embora só a conhecesse na teoria. Mas como fazer o que eu sabia que era correto?

Agora vinha o dever de casa difícil para valer. Tinha que ser a médica e ao mesmo tempo fazer uma visita à minha própria casa para um minucioso exame interno. E isso ia doer mais do que qualquer exame médico de verdade.

- Não ia mais dizer uma coisa e fazer outra.

- Não seria mais uma hipócrita "sabe-tudo".

- Não podia mais ser uma voluntária altruísta e não praticar o que pregava.

A MAIOR BATALHA PELA AUTOCONFIANÇA SEXUAL É SEMPRE TRAVADA E VENCIDA DENTRO DE VOCÊ

ERA HORA DE ME ENCARAR e de enfrentar os medos que me sabotavam. Percebi que precisava renovar o compromisso de construir minha autoconfiança sexual.

Adoro essa expressão, *autoconfiança sexual*. E é importante que se marque o fato de ser *sexual* essa autoconfiança. Digo isso porque conheci muita gente que é confiante em vários setores da vida, exceto no tocante à sexualidade. Notei também que quando somos autoconfiantes em outras áreas da vida, isso não transfere necessariamente confiança à nossa sexualidade. Por outro lado, quando nos tornamos de fato sexualmente confiantes, isso sempre influencia positivamente outros aspectos da nossa vida. Isso ocorre, creio, porque nossa vida sexual é a parte mais complexa do nosso ser e resolver problemas nessa área ajuda a solucionar outras questões. Quando assumimos nossas atitudes e comportamentos sexuais, estamos limpando e organizando nosso armário sexual e assumimos responsabilidade por nossa vida em geral.

A autoconfiança sexual significa trocar a vergonha e o medo pela força da convicção. Essa nova convicção nos faz ver que somos valiosos e que nossas opções sexuais são importantes para o nosso bem-estar e o bem-estar dos nossos parceiros. Em outras palavras, acreditamos em nós mesmos e aceitamos nossa sexualidade; integramos nossas experiências sexuais em nossa saúde física, emocional e espiritual. A autoconfiança sexual é parte importante do amor por si próprio e pelos outros.

A primeira coisa a fazer nesse programa de recuperação para o sexo mais seguro era ser tremendamente honesta comigo mesma no meu dia-a-dia. Tinha que me comprometer comigo mesma a não mentir sobre coisa alguma, especialmente sobre minha vida sexual. Se eu pudesse ser honesta comigo mesma sobre algo tão assustador e crítico como o sexo, então deveria ser mais fácil falar a verdade sobre a maioria das outras coisas. Descobri, com efeito, que isso é verdade.

Em segundo lugar, prometi viver um dia de cada vez. Não podia confiar em minhas necessidades emocionais porque elas podiam me seduzir e manipular. Sabia que minhas emoções haviam me forçado a opções insensatas no passado. Não tinha que me preocupar que outras pessoas me ferissem; estava fazendo um excelente trabalho por conta própria.

Para acreditar que eu era valiosa e merecia o melhor, tinha que me tratar bem:

- Tinha que andar com minhas próprias pernas e cuidar de mim mesma antes de poder realmente cuidar dos outros.

- Tinha que acreditar que *não era legal* me sacrificar às necessidades de outra pessoa. Isso era simplesmente perda de auto-estima.

- Tinha que acreditar que valia, como mulher, tanto quanto um homem. Aceitar menos que isso era destrutivo para mim e para os meus relacionamentos.

- Nunca poderia permitir que a expressão da minha sexualidade colocasse em risco a mim mesma ou a meu parceiro — nem física, nem emocional, nem espiritualmente.

- Tinha que acreditar que dizer a verdade é a única maneira de construir o verdadeiro amor-próprio e o respeito por si mesmo.

Essas mudanças de atitude fizeram a maior diferença no meu comportamento, em especial no meu comportamento sexual. Agora tinha certas convicções claras que podiam me guiar quando tivesse que tomar decisões pessoais difíceis.

- Não sentia necessidade de fazer sexo só porque *ele queria*. O sexo não era mais um substituto para a auto-aceitação.

- Não tinha que fingir satisfação sexual para fazer ninguém se sentir bem. Afinal, que interesse tem isso?

- Não tinha que ser objeto sexual de ninguém. Eu não era um *brinquedo*.

- Não tinha que usar o sexo para me sentir querida e importante.

*S*EMPRE PENSE ANTES DE FAZER SEXO!

SABEMOS AGORA QUE PENSAR ANTES de fazer sexo não é exatamente uma coisa popular. Quando digo *pensar*, quero dizer mais do que simples pensamentos. Por exemplo, outra noite estava conversando com um rapaz. Aos 32 anos, só tinha estado com mulheres e acabara de ter uma experiência sexual com outro homem. Fora um encontro sexual anônimo e ele estava preocupado com a possibilidade de ter contraído AIDS.

Eu estava mais interessada no que ele sentia sobre a experiência. Quando perguntei por que tinha feito aquilo, ele respondeu que foi "uma coisa assim ao sabor do momento". ESPERE AÍ! Fazer sexo oral pela primeira vez com alguém do mesmo sexo era apenas uma coisa assim ao sabor do momento?!? Não engoli essa, por isso o pressionei mais um pouco. Claro, ele pensava naquilo havia muito tempo mas nunca tinha falado com ninguém sobre esse desejo. Não falando, ele não tinha nenhuma noção de cautela. Nunca se perguntou (1) por que desejava esse tipo de sexo, (2) de onde vinha tal desejo, (3) por que deixou que viesse à tona naquele momento específico e (4) por que tudo se passou anonimamente. Só pensara no próprio ato, não nos seus sentimentos a respeito. Nunca se questionou, de forma que, no essencial, *nunca pensara realmente a respeito*.

Disse-lhe que, da próxima vez que quisesse sexo, tinha que se fazer todas as perguntas realmente difíceis e então conversar com alguém que não fosse julgá-lo mas ajudá-lo a compreender os porquês e não apenas os *comos*.

A sexualidade não diz respeito apenas a um ato, mas a convicções. Ao descobrir a origem dos meus medos, percebi o que dirigia minhas ações. Não se tratava simplesmente de melhorar meu desempenho sexual e estava tudo resolvido; tinha que melhorar minhas atitudes sexuais.

Antes de minha mudança de atitude, eu conduzia minha sexualidade como se guiasse um carro sem freios e sem direção. Ao valorizar os aspectos emocionais, físicos e espirituais do meu bem-estar sexual, tornei-me uma motorista confiante. Estava pronta então para lidar com as várias condições de tráfego da estrada principal da vida. Sabia que ainda podia me desviar por umas estradinhas pedregosas mas acabaria sempre voltando à via principal através de uma correção de atitude. Percebi que, quando tomava um caminho errado, era por causa de uma atitude ruim que se infiltrava quando eu não estava prestando atenção na estrada à minha frente.

Capítulo 9

Aprendendo com os erros de relacionamento

Pare de se punir!

POR MAIS FORTE QUE TIVESSE ME TORNADO, AINDA ME SENTIA COMO SEXO FRÁGIL

MEU AMIGO PARKER, CRIADO NA Carolina do Sul, tinha uma única frase para dizer que nós afinal podemos aprender e mudar. Sua versão era um pouco mais colorida. Dizia: "Você não tem que me golpear com esse peixe na cara o dia inteiro, eu acordo ao meio-dia!" Em outras palavras: *Vou acabar entendendo.*

Para mim, o meio-dia acercava-se rápido. Tinha mais autoconfiança sexual do que nunca, mas ainda me sentia insegura. Estava decidida a fazer um relacionamento *acontecer* para mim e acreditava que tinha de tentar até conseguir o que queria. Acho que você pode dizer que eu tinha uma determinação admirável mas que tentava fazer algo acontecer *antes* de dispor de todo o instrumental. Era como tentar construir uma casa apenas com um martelo e uma chave de fenda. O resultado final era uma casa ainda em construção e vacilante demais para ser habitada.

Felizmente, minha confiança aumentava com a alimentação que recebia de meu trabalho educativo sobre AIDS e sexo seguro. O ano era 1986 e eu estava usando meus talentos teatrais para inspirar outras pessoas a mudar de atitude na vida sexual e nos relacionamentos. E eu aprendia enquanto ensinava. Às vezes estava bem à frente dos alunos, outras apenas poucos passos adiante na estrada da auto-estima. Ansiosa por aplicar minhas novas atitudes a meus próprios relacionamentos, mergulhei nos namoros como muitos jogadores de grande potencial que, recuperando-se de uma lesão, voltam ao jogo cedo demais.

Nesse período, fiquei interessada em fisiculturismo e comecei a *malhar* numa academia diariamente. Era um lugar que contribuía para meu desenvolvimento emocional e também me ajudava a ganhar força física. Os exercícios com halteres tornaram-se um símbolo da minha cura emocional e eu queria ficar mais forte e mais saudável sob todos os aspectos. Gradualmente progredi para pesos maiores e mais esforço. Dividi os exercícios em seções, concentrando-me a cada vez numa parte diferente do corpo. Aprendi a aproveitar ao máximo minha rotina de treinamentos e saboreava meu novo senso de disciplina. Estava realizando o que me dispusera a realizar e ficando cada vez mais forte e saudável.

Por fim busquei outra academia para treinar em equipamento melhor e com pessoas um pouco mais sérias que as dos *spas* e centros de ginástica do bairro. Depois de dois meses, ainda não falara com ninguém. Gostava de me exercitar sozinha, porque podia me concentrar no que estava fazendo e assim ganhar mais força e energia. Era estimulante para mim. Nunca me sentira de fato fisicamente forte como mulher, não como os homens que eu conhecia. Ninguém jamais me encorajara a descobrir minha força interior ou física. Sim, eu praticava esportes, tinha aulas de dança e fazia ginástica, mas sempre me sentira limitada. Aprendera que a maioria das mulheres não é fisicamente forte ou que não éramos capazes de desenvolver uma musculatura tão esplêndida assim. Mesmo que pudéssemos superar os primeiros obstáculos, certamente não poderíamos suportar uma dura rotina de exercícios.

Na academia, isso era dito *com todas as letras*. Quando as mulheres subiam à sobreloja para usar o equipamento de pesos livres, ouvia os homens resmungando: "Por que elas não ficam lá embaixo nas máquinas? Estão atrapalhando o meu exercício." Mas quando esses mesmos sujeitos se exercitavam juntos, levantando barras de aço com halteres de ferro, não tinham problemas em incentivar um ao outro. "Não seja MARICAS! Vamos lá, seu MOLENGA! Parece uma moça levantando isso!" Esses mesmos homens que se cutucavam chamando-se de "moças" passavam a maior parte de suas horas de vigília se vestindo e *malhando* para arranjar justamente isso: moças. Pouco se me dava de atrapalhar o exercício deles, porque o meu era igualmente importante para mim. Ficava *na minha* e mais orgulhosa do que nunca de minha feminilidade.

Uma tarde, decidi levantar mais do que o peso normal e me preparei para o desafio. Deitei-me de costas no banco, coloquei as mãos na barra, tomei fôlego e levantei-a. Devagar, trouxe-a até a altura do peito para o arremesso. Agarrei-a com toda a força e lutei para erguê-la. Ela subiu devagar, centímetro por centímetro. Fechei os olhos e retesei os músculos da face na esperança de que tais gestos me ajudassem a recolocar a barra no lugar, na estante. De olhos fechados, ouvi: "Vamos, você consegue! Vamos, continue, força!" Abri os olhos e lá estava um homem de bigode e cabelos compridos curvando-se sobre mim. Vi suas mãos sob a barra para o caso de meus braços e tórax não agüentarem. Fiz força com todas as fibras musculares do meu corpo para chegar até a estante. *E consegui!* Senti então as mãos dele puxando rápido a barra para o lugar e travando-a em segurança no gancho.

Olhou-me com sinceridade:

— Você fez mais força que qualquer cara aqui.

— Obrigada — falei, perguntando em seguida o seu nome.

— Tony — respondeu, sorrindo. Tinha compleição forte, mas não tão grande quanto a dos fisicultores profissionais. Conversamos alguns minutos sobre halterofilismo e então, embaraçados, voltamos a nossas respectivas e separadas rotinas.

O MEDO DA SOLIDÃO ME LEVOU A MAIS UMA RELAÇÃO SEM SENTIDO

COM TODA A MINHA NOVA MUSCULATURA, descurei em dedicar o mesmo tempo e esforço à minha contínua busca de uma sólida relação amorosa. Tinha cultivado um forte senso de amor-próprio. Acreditava em mim mesma como artista e educadora talentosa. Tinha um verdadeiro conhecimento sobre sexualidade. Adorava ser mãe e, embora Kyrsha às vezes me "desse desgostos", tínhamos uma forte ligação que apararia as arestas do relacionamento quando ela deixasse a adolescência. Comandava a minha vida e me sentia na direção certa, mesmo que não soubesse direito aonde ia dar.

Mas eis o *xis* da questão: não tinha a confiança e a coragem para fazer tudo isso sozinha. Precisava de um parceiro. Ainda estava *desesperada* por um relacionamento. Tinha crescido física, emocional, intelectual e espiritualmente, mas não era capaz de vencer o meu medo mais terrível — o de estar só. Nos poucos meses entre um namoro e outro, eu me iludia dizendo a mim mesma que não estava tão desesperada assim pelo reconhecimento e a companhia de um homem — até que um novo homem aparecia. Por um lado, era mais sadia do que jamais fora. Por outro, estava sempre ansiando por uma mão amiga. Estava sempre estendendo a mão à cata de *Dom Perfeito*. O dilema da carência de um relacionamento toldava o progresso que eu fazia. Quando conheci Tony, interrompi meu auto-exame no momento em que estava a ponto de tocar minha maior fraqueza, meu medo mais sabotador.

Tony era mais novo que eu e vivia sozinho desde que terminara o curso secundário. Era mestre carpinteiro e mecânico e dirigia seu próprio negócio, uma pequena oficina. Depois do rápido contato inicial, nos víamos quase diariamente na academia e começamos a saber mais um do outro. Logo ficou claro que queríamos mais tempo para nos conhecermos fora da rotina dos exercícios com pesos.

Desde o início foi um equívoco. Mas infelizmente eu acreditava no mito romântico que me levava a pensar que finalmente eu iria realizar o meu sonho de união. Mesmo com todo o meu instrumental de auto-estima, não conseguia ver que a pessoa que escolhi não podia nem queria criar o tipo de parceria em pé de igualdade que eu precisava. Tinha esquecido de levar todo o meu arsenal para a autovalorização e de usá-lo na escolha do parceiro. Não olhei para Tony com a honestidade brutal a que eu mesma me submetia.

Fiz a ele concessões que jamais faria a mim mesma. Ele podia ser egoísta, exigente, e eu aceitava esse comportamento como algo que finalmente ele superaria. Ele ameaçava abandonar a relação e por trás da ameaça eu conseguia ver o seu medo, daí aceitando suas desculpas. Ele me xingava no calor das discussões e eu me dispunha a ensinar-lhe formas mais positivas de expressar a sua raiva. Eu era a pessoa compreensiva que o alimentava, em vez de cuidar de mim mesma. Permitia que suas explosões continuassem e arranjava desculpas para elas, até que por fim passei a culpá-lo por suas atitudes e comportamento. Certamente eu me culpava também. Por que deveria tratá-lo diferente do modo como tratava a mim mesma?

Nossa vida sexual refletia nossas atitudes diferentes, que por sua vez influenciavam nossos comportamentos pessoais e na relação. O que Tony considerava "excitante" eu achava sexista e "brochante". Ele queria conservar tudo, inclusive nossa vida sexual, num reino feito sob medida para suas necessidades. Nossas relações sexuais sempre começavam com eu tendo que "parecer" sensual para ele. Quando eu tentava explicar que precisava me sentir sensual para mim, ele encarava isso como um sacrifício do seu prazer. Tony resistia a participar de uma relação igualitária tanto quanto eu aceitava meu valor próprio. A seu ver, nossa parceria significava antes uma perda de poder para ele do que um ganho para nós dois. Não havia ligação emocional nas nossas relações sexuais. Ele lutava para ter o controle, enquanto eu tentava criar uma parceria em pé de igualdade. Meus sentimentos e minhas necessidades eram simplesmente DESCONSIDERADOS porque ele achava que diminuiriam o seu prazer. Nunca lhe passava pela cabeça que éramos dois envolvidos naquilo. Ele nunca sentiu nem aprendeu o que era o poder da união.

Mais uma vez, eu estava fechando os olhos à realidade. Quando Tony me xingava de nomes horríveis, eu culpava suas infames experiências de infância por seu comportamento. Tentava desesperadamente lhe mostrar um caminho melhor, achando que o estava ajudando. Quando ele gritava "você sempre ajuda os outros, mas não a mim", o que eu fazia era parar de ajudar aqueles que eu amava. Quando ele flertava com outra mulher na academia e eu lhe dizia que aquilo me desagradava, Tony respondia que era tudo imaginação minha e eu acreditava. O tempo todo eu ouvia a voz da minha mãe dizendo: *Exija que a tratem da mesma maneira que você se trata.* Banquei a hipócrita mais uma vez ao não exigir para mim mesma o que ensinava aos outros. Tony me tratava exatamente como eu me tratava e o fato era que EU NÃO ESTAVA ME TRATANDO DIREITO. Eu me sabotava por não acreditar que merecia um parceiro que realmente me amasse e respeitasse. Eu me tratava mal por supor que era meu destino ter relações conflituosas. Eu me punia com a crença de que, para mim, os relacionamentos seriam sempre uma batalha. Continuava a buscar o mesmo relacionamento vezes e vezes seguidas. O mesmo relacionamento, só que com homens diferentes.

Por fim, tive que enfrentar o meu medo da solidão e de não ter companheiro. De uma vez por todas, tinha que superar a carência de *achar alguém para me amar*. Passava tanto tempo tentando constantemente obter o que precisava num relacionamento que ficava exausta.

TEMOS QUE IDENTIFICAR OS PROBLEMAS NA RELAÇÃO COM NOSSOS PAIS PARA TER SUCESSO NO RELACIONAMENTO AMOROSO

TUDO O QUE EU SABIA DA INFÂNCIA era a batalha que vivi tentando fazer meu pai me amar e valorizar. E dali em diante toda relação amorosa foi uma batalha para mim. Essa batalha para ser amada era tudo o que eu conhecia. E apesar do meu constante estado de perda, odiando isso e me sentindo farta, cansada, não conseguia e tinha medo de abandonar uma rotina tão frustrante. Esse medo era meu último obstáculo, meu toque de despertar ao *meio-dia*. Tinha que encará-lo e finalmente me livrar dele se quisesse de fato descobrir o melhor do amor.

Tony seria o clímax desse medo de me relacionar. Casamo-nos, mesmo apesar de eu saber desde o início que ele não era o companheiro certo para mim. Na verdade, não era companheiro de forma alguma. Sabia disso intuitivamente, mas mesmo assim caí de cabeça na relação. Eu conhecia aquele homem, tinha me envolvido com outros do seu tipo muitas vezes. Ele aprendera com o pai a ser um tirano. E eu aprendera com meu pai a ser tiranizada, ainda que de vez em quando mantivesse minha posição.

Então por que entrava de novo na fogueira? Por que escolhia de novo alguém que obviamente não combinava comigo? Simplesmente Tony era mais uma oportunidade para continuar minha auto-infligida batalha. Pelo que aprendera nos meus outros relacionamentos, Tony era um exemplo claro da minha convicção de que não merecia nada melhor.

Temos que nos libertar das mensagens negativas da infância

EMBORA ENTRASSE DE NOVO numa relação dolorosa, que ia contra tudo o que eu defendia para os outros, percebi que esse erro era parte do meu processo de crescimento. Felizmente, acordei pouco antes de soar o alarme do meio-dia. Após cinco anos de dor e luta, deixei Tony e me mudei para Los Angeles.

Também deixei para trás a dor infantil pela rejeição paterna. Abandonei a necessidade de bater a cabeça na parede para tentar obter o amor e o respeito que merecia. Abandonei uma batalha de 33 anos para convencer os amantes de que também deveriam ser meus companheiros. Deixei para trás os xingamentos, a fanfarronice da intimidação e todas as mentiras, trapaças e ameaças que caracterizaram tantas relações que tive — relações que escolhi. Digo *escolhi* porque assumo plena responsabilidade por meus relacionamentos e minha parcela de culpa pelo fracasso deles. Eu deixava o medo comandar e alimentar meu desespero.

Então, o que aconteceu que finalmente me fez acordar? Comecei afinal a viver o que pregava, agindo em vez de falar apenas.

- Tomei a decisão consciente de me tratar melhor.

- Não permiti mais a ninguém me tratar aquém do que eu merecia.

- Decidi responsabilizar Tony e outras pessoas na minha vida por suas próprias palavras e ações. Se tais palavras e ações eram destrutivas para minha autoestima, então eu me afastaria da companhia dessas pessoas.

- Em vez de me acomodar àquilo que achava ser o melhor que podia arranjar, disse *não* a isso e passei a selecionar o que realmente queria.

- Se podia dizer *não* a certos aspectos da minha vida sexual, era hora de ser consistente em todos os outros aspectos da minha vida.

Revendo as coisas agora, parece tudo fácil e simples, ou, como diria Kyrsha, "Pô, mãe!", mas acho que tive que superar um bocado de *PÔs* antes de *conseguir!*

A SEXUALIDADE É FÍSICA, EMOCIONAL, INTELECTUAL E ESPIRITUAL. NÃO ACEITE MENOS QUE ISSO

O SEXO É UM BOM INDICADOR de como vai o resto da relação. Durante o meu casamento com Tony, percebi que havia quatro componentes em uma relação amorosa. Quando fazemos sexo nos quatro níveis, temos mais chance de tornar nossos relacionamentos um misto de prazer e satisfação.

- **O sexo físico.** Alguns tentam praticar sexo puramente físico, que era a maneira como Tony gostava — apenas pelo prazer físico. Ou seja, faça logo e caia fora. Isso não garante nenhum prazer para a outra pessoa. Muitos experimentaram a *transa de uma noite* apenas para descobrir aquela sensação de vazio na manhã seguinte. Podemos ter feito bem o sexo físico até chegar ao orgasmo, mas essa sensação de satisfação não dura. Muitas vezes, durante e após o sexo nessas condições meramente físicas, uma voz dentro de nós não pára de resmungar sobre a falta de satisfação, de realização, e, em vez de nos sentirmos bem, o contato sexual nos deixa é com vergonha. Lembro-me de várias vezes em que fiz sexo cedo demais num relacionamento. Ficava intensamente envolvida de modo físico através do sexo. No entanto, a outra pessoa e eu tínhamos pouco ou nada em comum espiritualmente. A relação oscilava como uma gangorra — pesada demais do lado do sexo — e era difícil, quando não impossível, recuperar o equilíbrio.

- **O sexo emotivo.** Alguns concentram-se no lado emocional da sexualidade e usam o sexo como forma de ficar perto de alguém, mesmo sabendo que essa pessoa não está realmente apaixonada. Esse tipo de experiência sexual produz mais desespero que suor e é uma maneira de nos predispor ao sofrimento. Não é isso que o sexo deve produzir. O sexo deveria fazer a gente se sentir melhor com a gente e com a outra pessoa. Lembro que me sentia mais assustada e só *depois* de fazer sexo com Tony. Meu medo e insegurança eram um indicador mostrando que eu não expressava amor nem por mim nem por meu parceiro. Como poderia amar outra pessoa se me sentia tão insegura emocionalmente? Os aspectos físicos da sexualidade são muito mais difíceis de desfrutar com tanta insegurança emocional.

- **O sexo intelectual.** Estamos fazendo jogos mentais se encaramos o sexo como dever ou obrigação, como algo que nos cabe fazer. Esse processo mental esgota toda a paixão em um relacionamento íntimo. Se achamos que *temos que* fazer algo, não há alegria no sexo e desprezamos o prazer físico e emocional que merecemos e que a outra pessoa também merece. Muita gente adota esse tipo de relação sexual quando não é honesta consigo mesma sobre suas próprias necessidades e desejos ou quando teme ficar vulnerável. Tecnicamente, essas pessoas podem praticar bem o ato sexual, mas não há investimento emocional e, portanto, nenhum retorno desse tipo para si e para o parceiro.

- **O sexo espiritual.** A maioria das pessoas não conhece o lado espiritual do sexo, mas esse aspecto da sexualidade é tão importante quanto, ou mais do que, os outros três. As crenças religiosas tendem a despertar mais sentimentos de culpa e de vergonha com o sexo do que prazer. As experiências infantis podem nos ter levado a duvidar de nós mesmos e a perder a fé em nossa capacidade de fazer escolhas acertadas. Por exemplo, meu relacionamento com Tony era toldado pela relação com meu pai. Em vez de confiar na minha intuição de que Tony não era o homem certo para mim, eu ouvia suas mentiras, porque da mesma maneira que ocorria em relação a meu pai, eu queria seu amor e aprovação. O sexo espiritual só pode ser alcançado quando nos sentimos seguros com nossos parceiros. Trata-se de encontrar uma alma gêmea no sexo — aí não há julgamento nem ressentimento entre as pessoas. É o auge da satisfação sexual, é o tipo de expressão sexual que deixa a gente fisicamente relaxada, emocionalmente segura, intelectualmente estimulada e espiritualmente ligada. É o melhor tipo de sexo que existe e é possível alcançá-lo. Sorrio de contentamento só de pensar nisso. Experimentar a sexualidade em todos os quatro níveis é o melhor do sexo.

SEXO COM ESPIRITUALIDADE É MELHOR QUE PASTA DE AMENDOIM COM GELÉIA!

LEMBRO-ME DA PRIMEIRA VEZ que tentei fazer amor com meu marido, Mark, depois do nascimento da nossa filha. Dizia a mim mesma: *Oh, meu Deus, uma mãe não age assim, não pode gemer e gritar quando tem um orgasmo!* Era tão difícil para mim combinar o meu novo papel de mãe com o meu velho papel de amante sensual. Tinha que trabalhar para ajustar minha auto-imagem. Tinha que examinar quem eu era nesse duplo papel, não como uma coisa ou outra. Tinha que encarar sexo e espiritualidade também de forma integrada.

A primeira coisa que tinha de fazer para conectar o que pareciam completos opostos era superar minha educação religiosa, segundo a qual a sexualidade era inimiga do crescimento espiritual. Eu sabia que para integrar sexo e espiritualidade tinha que associá-los em apoio mútuo. Tinham que funcionar juntos, em equipe, para me ajudar a atingir um patamar moral mais elevado.

Eu lia, questionava e fazia um esforço consciente para ter minha energia espiritual à frente das atividades diárias, de forma a mantê-la aquecida e pronta para ser acionada na hora em que precisasse dela para tomar decisões de ordem sexual. E era muito mais fácil tomar essas decisões a partir de uma compreensão espiritual de mim mesma e da minha sexualidade. Minha convicção espiritual da igualdade entre os sexos e a favor de uma total sinceridade começou então a fazer sentido na prática:

- Ninguém era sexualmente mais importante nem tinha mais direitos sexuais do que eu.

- Ninguém tinha o direito de julgar ninguém meramente por sua orientação sexual.

- Ninguém tinha o direito de usar ninguém para sua satisfação sexual.

- A relação sexual não deve ser usada como uma apresentação nem como meio de inflar o ego.

Ser espiritual, para mim, significa confiar em uma consciência superior, que acredito seja uma energia muito mais sábia que eu. É uma energia compassiva que me conecta e me guia através da escuridão e do medo. É uma energia honesta, sincera, pura e simples. Não é uma racionalização mas uma inteligência intuitiva. Ligo-me a essa energia espiritual quando presto atenção a essa tranqüila e gentil voz interior que me aponta maneiras de viver de forma mais pacífica e alegre.

Ser espiritual no sexo significa não ter medo, culpa nem vergonha, porque se usa a sexualidade para uma união mais profunda, significativa. Não se esconde uma só emoção nem se finge com o parceiro. O fingimento não pode subsistir numa atmosfera espiritual. Não há lugar para o prazer de mão única ou a presunção sexual, só para a partilha mútua. Usa-se então cada toque para aumentar o apreço de uma pessoa pela outra.

O mais importante a lembrar é que um relacionamento verdadeiro tem que ter tanto espiritualidade quanto sexo. Tony e eu não estávamos na mesma freqüência e não nos sentíamos seguros e à vontade um com o outro. Não havia ligação espiritual entre nós porque não éramos sinceros.

Quando criança, nada me agradava mais, nada me dava mais prazer do que pão com pasta de amendoim e geléia. Quando o cansaço do dia escolar começava a me tomar, o simples fato de saber que esse delicioso sanduíche estava à minha espera na hora do lanche fazia-me sentir bem melhor. Era uma recompensa merecida: nutritivo, saboroso e me deixava totalmente satisfeita. As outras crianças ao redor ficavam com inveja, ansiando por sentir o gosto daquele sanduíche, simples mas de dar água na boca. Sempre podia contar com o meu sanduíche de amendoim e geléia para sentir prazer e nunca me cansei do seu sabor.

Quem nunca experimentou a requintada delícia desse sanduíche, que experimente. Ocorre o mesmo com a combinação de sexo e espiritualidade. É o máximo em matéria de satisfação, a melhor combinação das duas forças mais poderosas da vida. Minha analogia pode ser simplista, mas quem sabe eu devia ter perguntado a Tony se ele gostava de sanduíche de pasta de amendoim com geléia tanto quanto eu?

Acorde! É hora de uma relação satisfatória!

A ESSA ALTURA, EU JÁ FALAVA de relacionamentos sexuais fazia alguns anos nas minhas palestras. Quando finalmente entendi o que era o sexo prazeroso e seguro de que falava, pude me comprometer comigo mesma e aceitar apenas o que sabia que merecia. Daí em diante, meus sentimentos de valor pessoal se firmaram de fato. Fiquei mais calma do que nunca. Deixei Tony e me mudei para a Califórnia para começar nova vida. No passado, teria ficado enlouquecida, mas não dessa vez. Não tinha mais medo de ficar sozinha. Não estava amarga por ter feito outra escolha errada de parceiro. Não iria me punir por mais um erro. Na verdade, nunca estivera tão orgulhosa de mim mesma.

Era meio-dia e eu estava bem acordada!

Capítulo 10

Confie na sua verdade interior para se comunicar com o outro

Finalmente sou atraída por um homem que tem um humor cáustico como o meu!

Libertando-me do medo para ser eu mesma

PARECE ESTRANHO, MAS FIQUEI tão feliz por ter de novo fracassado. Fiquei feliz por ter cometido o mesmo erro com Tony porque sabia que seria meu último erro. Não faria mais escolhas que me sabotassem. Sabia que meu casamento com Tony foi um derradeiro e desesperado ato antes de passar a um estágio mais profundo e espiritual, que não toleraria que minha energia frenética criasse uma união em bases erradas — uma pessoa errada e uma atitude errada. O que estava fazendo? Um verdadeiro companheirismo não podia ser construído a partir do medo: o medo de estar só, de ser rejeitada, abandonada. Não poderia construir de fato uma duradoura auto-estima enquanto não estivesse disposta a me livrar desses medos.

Nem sei como descrever meus sentimentos no dia em que saí de casa, deixando para trás Tony, meus três cachorros e toda a minha mobília. Fiquei contente como nunca tinha ficado antes. Foi um contentamento que me lembrou a prece da serenidade dos Alcoólicos Anônimos que minha mãe me ensinou quando eu era pequena. Essa prece repetia-se na minha cabeça sem cessar, como uma cantiga que não conseguimos parar de cantarolar o dia inteiro: *Deus me dê serenidade para aceitar as coisas que não posso mudar, coragem para mudar aquelas que posso e sabedoria para distinguir entre as duas coisas.*

- DEUS ME DÊ SERENIDADE PARA ACEITAR AS COISAS QUE NÃO POSSO MUDAR. Não podia mudar Tony ou qualquer outra pessoa, mas apenas a mim mesma. Ele não era um bom companheiro para mim porque não valorizávamos as mesmas coisas. Não tínhamos os mesmos objetivos nas nossas realizações pessoais ou em termos de relacionamento. E eu fazia muita força para me convencer do contrário, tentando ignorar nossas óbvias e conflitantes diferenças mas sem aceitar as coisas que não podia mudar.

- CORAGEM PARA MUDAR O QUE POSSO MUDAR. O único espaço onde sempre me faltou coragem foi o do relacionamento amoroso. Fora isso, sempre fui de assumir riscos e defender mudanças.

Quando adolescente, ajudei pessoas da comunidade a criar um centro de recuperação para dependentes de drogas. Acreditem, não era um serviço muito bem-visto naquela cidade de mentalidade estreita da Nova Inglaterra, mas o levamos em frente apesar dos protestos. Montei minha própria companhia de teatro com uma amiga e produzi comédias e dramas bem recebidos pela crítica. Ajudei a organizar um dos primeiros jantares para pessoas com AIDS numa época em que a maioria dos meus amigos era a favor de quarentena para os aidéticos ou coisa pior. Mas nos meus relacionamentos íntimos eu mostrava pouco dessa coragem. Essa era a minha grande fraqueza e por muitos anos deixei que o medo de ser criticada e rejeitada me bloqueasse o bom senso. Essa fraqueza não poderia ser superada se não a enfrentasse com a mesma coragem que empregava para ajudar a mudar o mundo.

Fazer escolhas erradas de relacionamento por causa desse medo esmagador é tão óbvio para mim agora que escrever sobre o passado me parece quase irreal. Acho que é assim que você se sente depois de curar uma ferida pessoal — não pode sequer imaginar a *volta à mesma situação*. É como repassar um filme na cabeça, só que este era um filme escrito, dirigido e estrelado por mim. Hoje, não consigo mais me ver nesse papel. Cresci e o ultrapassei. Tenho muito da velha energia e a mesma personalidade, mas sou muito diferente na maneira de pensar e sentir a meu respeito. Ainda tenho certos medos sobre o meu relacionamento, mas consigo lidar com eles. Não me sinto mais esmagada e paralisada como costumava acontecer. Não me sinto mais tão dependente do reconhecimento por parte do parceiro para me sentir bem comigo mesma, de forma que estou muito mais forte emocionalmente. Essa força decorre de um conhecimento maior de mim mesma, do que preciso para manter intacta minha auto-estima, de saber como é importante me manter alimentada e ligada nos quatro níveis — físico, emocional, intelectual e espiritual — e da sinceridade comigo e com o parceiro.

- SABEDORIA PARA DISTINGUIR AS DIFERENÇAS. Isso foi sempre, sem dúvida, um problema nos meus relacionamentos. Eu não sabia distinguir que situações podiam ser mudadas e quais não podiam. Eu me dispunha a mudar tudo e todos sozinha, senão... O *senão* em geral significava o fim do relacionamento e outra mudança para Kyrsha e para mim.

*D*EIXAR PARA TRÁS AS ANSIEDADES INFANTIS

GRAÇAS A DEUS, FIZ AQUELA ÚLTIMA mudança para a Califórnia. Aos 43 anos, fiz a minha trouxa e recomecei tudo do zero. Sentia-me como um espírito reencarnado ansioso por testar seu novo instrumental: coragem e auto-estima. Dessa vez, estava segura, não como uma menininha que quer exibir as roupas novas mas por baixo abriga inseguranças infantis. Agora, sentia-me realmente feliz por estar viva e bem. Era como me recuperar de uma longa enfermidade e poder fazer todas as coisas que não pudera até então. Dessa vez, queria fazer todas as coisas que tive medo de fazer antes.

Estava preparada para viver sozinha e ansiosa por isso. Pela primeira vez na minha vida adulta, não procurava um companheiro. Sentia-me livre. Kyrsha queria morar comigo e então combinamos de procurar um apartamento juntas.

Esse sentimento de paz interior era novo para mim. Sempre me considerei espiritual, mas isso era diferente. A maior parte da minha vida, senti-me como Peter Pan — não plenamente crescida e sempre tentando grudar em mim, permanentemente, minha sombra *espiritual*. Mas a espiritualidade não era mais uma sombra me seguindo. Tornou-se parte de mim mesma. Aprendi com os anos que quanto mais usasse minha energia espiritual, mais forte e mais conectada me sentia como ser humano, inclusive sexualmente.

Os opostos se atraem, os semelhantes se unem

QUATRO ANOS ANTES DE ME MUDAR para Los Angeles, conheci David através de colegas de trabalho. Estava interessado em produzir um especial comigo para a televisão. Eu fazia uma turnê nacional com o meu concerto *Quente, sensual e seguro* e muitos amigos achavam que ficaria ótimo na TV. David era divertido e encantador, mas eu estava casada com Tony na época, de forma que nunca pensei nele de outra forma que não em termos de trabalho. Víamo-nos periodicamente em encontros em Los Angeles, mas o projeto para a televisão nunca saiu.

Anos depois, quando tomei a decisão de me mudar para a Costa Oeste, a produtora de David ligou para saber se eu estava interessada em fazer um *talk show* para a TV, como apresentadora. Disse que sim no ato. David e eu começamos de novo a nos ver, dessa vez de forma regular. Agora não estava desesperada para encontrar um homem ou ter um relacionamento. Tinha superado o medo de ficar sozinha. Estava calma diante do desconhecido que me aguardava na Califórnia. Armada com meu compromisso de ser sincera, abracei essa nova oportunidade de aventura. Depois de passar 99 por cento da minha vida num único lugar, estava pronta para *aceitar, mudar e conhecer a diferença*.

O que quer que fosse acontecer, eu estava preparada. Acreditava que não havia coincidências na vida e, portanto, reencontrar David não foi uma coincidência. Ele estava na minha vida porque eu finalmente tinha feito as pazes com a questão envolvendo meu pai. Toda a minha vida adulta procurei um verdadeiro companheiro, embora eu mesma não pudesse ser uma verdadeira companheira com meus sentimentos de inadaptação. Nunca saberia que David era o parceiro certo para mim se não tivesse eliminado o medo da rejeição que bloqueava minha sabedoria espiritual e emocional. Assim que o eliminei, pude conectar minha visão interior e alimentá-la.

É mais fácil nos relacionarmos a nossas capacidades físicas, emocionais e intelectuais quando estamos em contato com nossa inata sabedoria interior. Se os físicos são capazes de antecipar o futuro, é porque não têm medo de usar sua visão espiritual. Muitos resistem ao seu lado espiritual por estarem tão envolvidos no medo e na dor que não podem ver a floresta que as árvores formam. Passamos mais tempo preocupados com o carro ou as roupas do que examinando nosso ser espiritual.

Um dia, numa reunião, quando discutia com David a idéia do programa para a TV, eu o vi com minha visão espiritual. Ficou tudo tão claro. Tive a sensação de ter feito uma operação espiritual de catarata, porque não estava mais olhando pelas lentes do medo e da mágoa. Sempre digo aos outros que o melhor companheiro ou companheira está bem aí ao lado ou muito perto da gente, mas que estamos tão cegos de medo e de dor que não vemos quem é. Bem, nessa reunião eu vi meu companheiro verdadeiro. Minha voz espiritual ficou repetindo: *Aí está ele, sua boba. Parabéns! Você merece esse companheiro, porque não está mais desesperada.* A voz interior estava certa e eu aprendia a confiar cada dia mais na sua precisão. Agora, tudo o que eu tinha a fazer era falar com David.

No passado, teria feito tudo para o relacionamento acontecer, mas esse comportamento é obsoleto. Eu não tinha que controlar a situação. Tudo o que tinha de fazer era dizer a David como me sentia. Se ele sentisse o mesmo, ótimo; se não, estava preparada para aceitar as coisas que não podia mudar. Podia viver bem e me realizar com ou sem um companheiro. Saber que podia viver sem um companheiro fazia com que me sentisse esquisita. Não estava acostumada a essa calma interior. Toda a minha vida fora uma série de batalhas interiores que se refletiam em meus relacionamentos íntimos. A nova orientação interior me tornava definitivamente equilibrada e segura. Na verdade, me fazia mais vibrante.

Graças a Deus, eu ainda tinha senso de humor, porque era capaz de rivalizar com cada piada de David, cada observação espirituosa, e deixar sem graça esse homem conhecido como o "rei" da ironia. Afinal, eu era conhecida como a "Senhora Sexo" ou "Rainha da Camisinha". Eu ganhava a vida usando o humor para inspirar e educar. David tinha encontrado o seu par. Só não sabia que era para a vida toda.

Apesar de todas as brincadeiras, eu estava em situação embaraçosa. Queria ser sincera e dizer a David o que sentia em relação a ele, mas ele estava envolvido com outra pessoa. A vida quis, porém, que chegasse a hora da verdade. Eu estava em Los Angeles para uma reunião sobre o programa de TV e nenhum dos dois tinha planos para aquela noite de sexta-feira. A namorada de David estava na escola e então decidimos ir a um cinema. Fomos ver *A idade da inocência*, um filme sobre o amor não correspondido. Durante o filme, fiquei espantada quando vi David chorando. Depois, caminhamos e conversamos, tomamos um café e então David me levou para casa. Agradeci pela noite divertida e, ao me virar para partir, senti-me compelida a ter pelo menos um por cento de sinceridade com ele. Eu não apenas precisava adquirir a prática de falar dos meus sentimentos, como me sentia muito agradecida pelo que ele tinha feito por mim.

Sei que parece um pouco dramático ser agradecida a um homem por me levar ao cinema e me pagar um café, mas não era por isso que eu queria agradecer-lhe. Queria agradecer simplesmente por ele ser o David. Ali estava um homem sensível, consciente, engraçado e forte. Atraindo-me por um homem como David, eu confiara na minha sabedoria espiritual para fazer a escolha do companheiro certo. O fato de que homens como David existiam me encorajava, assim como o fato de ser afinal atraída por um deles. Finalmente estava na direção certa, curando velhas feridas que haviam me levado a fazer escolhas desesperadas.

Virei-me e disse: "David, quero lhe agradecer não só pelo cinema e pelo café. Você não sabe, mas tenho lutado a vida inteira com o medo de me relacionar. Você me ajudou tanto nesse pouco tempo em que nos conhecemos. Quero que saiba que me sinto atraída por você, mas não tenho intenção de representar nenhum papel. Não é essa a razão pela qual estou lhe dizendo isso. Apenas estou agradecida de ser finalmente atraída por alguém como você. Sinto-me uma mulher madura. Venci uma grande batalha e superei a dificuldade. Quero encontrar alguém com a sua capacidade de dar e alimentar e também com o seu cáustico senso de humor."

A essa altura eu estava às lágrimas, mas eram lágrimas de alívio. Finalmente, sentia-me segura o bastante com um homem para ser totalmente sincera a respeito dos meus sentimentos. Tinha conseguido. David ficou chocado e se encolheu no assento do carro, braços cruzados no peito como um escudo protetor sobre o coração.

"Desculpe se isso faz você se sentir pouco à vontade, mas achei que tinha de dizer como me sinto grata", prossegui. "Mas o que me deixa confusa é a razão pela qual você está tão infeliz. Para alguém tão perceptivo, inteligente, entusiasmado com a vida e que dá tanto aos outros, não sei por que você não acredita que merece o mesmo. E aposto que não a está fazendo muito feliz também. Tome uma decisão, de ficar ou ir embora, para que ambos possam ter a relação amorosa que querem e merecem. Não desista. Eu não desisti. Apenas saiba que você merece ser amado e ela também."

Sua primeira reação foi: "Como é que você sabe tudo isso?" Minha resposta foi bem pouco convincente: "Não sei. Apenas sei." Então me contou a história de seus namoros e casamentos fracassados, dizendo que achava que nunca iria realmente se apaixonar ou encontrar a companheira de verdade. Era muito crítico consigo mesmo e eu sabia o que era isso. Como eu, ele padecia de uma falta de auto-estima e tinha vergonha de seus fracassos. Falei: "Sou a *rainha* dos relacionamentos fracassados. Não precisa se proclamar *rei* só por minha causa." Eu havia abdicado do trono, abandonado a corte e buscado uma existência mais pacífica, mais feliz, mais sábia, onde não havia mais reis nem rainhas, apenas companheiros.

Quando estava saltando do carro, ele me chamou de volta e confessou que sua atual relação não ia bem e que tinham acabado de reatar depois de seis meses de separação. "Ela merece saber como você se sente", disse-lhe. "Se você não está satisfeito com a relação, toda a chance é de que ela também não esteja." Ele agradeceu por minha honestidade. Então eu disse: "Não se preocupe comigo, meus sentimentos por você já produziram o que tinham que produzir. Você me inspira."

Nossa vida sexual devia ser construída sobre convicções mútuas

NA SEMANA SEGUINTE, DAVID e eu continuamos a trabalhar no projeto para a televisão. De vez em quando, tomávamos um café juntos ou conversávamos à distância, pelo telefone. Um dia, ele me disse que tinha falado com a namorada sobre o que sentia e que decidiram se separar.

David e eu começamos a construir nossa relação do espiritual para o físico, não o contrário. Não fizemos sexo por quase seis meses. Queria que nossa vida sexual se desenvolvesse a par com nossa vida emocional e espiritual. David ficou um tanto surpreso com a minha filosofia, mas era bom desportista e estava sempre disposto a dar uma chance.

Quando fizemos sexo, foi uma coisa lenta. Queríamos ter certeza de que cada toque, cada carícia, cada beijo expressassem sinceramente o que a gente sentia e o que a gente gostava. Fomos devagar, tomando cuidado para não esquecer nada. Cuidamos para que nosso humor "enjoado" tornasse o sexo agradável e divertido. A vergonha e o embaraço são facilmente estimulados por atitudes que excluem a opinião e a crítica. Nossa vida sexual era tão importante quanto o companheirismo e merecia atenção e cuidados. Era um dos nossos momentos mais íntimos e algo que só fazíamos juntos. Era uma oferenda que fazíamos um ao outro e a nós mesmos. Quando nossa agenda ficava cheia, a gente sempre dava um jeito de arranjar um tempinho e um lugar para expressar a nossa sexualidade. E todo dia caçoávamos sexualmente um do outro como um lembrete de como gostávamos de ser amantes e companheiros.

David e eu nos casamos em 30 de setembro de 1995. Ele era um grande estudante e professor e me ensinou a falar mais durante a relação sexual, mesmo durante o orgasmo. Eu achava que era tão descoordenada que não podia gozar e falar ao mesmo tempo. E ele aprendeu a controlar sua necessidade de ser a parte ativa. De início foi difícil, porque sua necessidade de controlar nossa relação sexual era uma forma de se proteger da vulnerabilidade. Então trabalhamos com sua necessidade de segurança e amor. Com suavidade mas firmeza lembrei-lhe que o sexo mais prazeroso é o que construímos juntos, cuidando para que os dois se satisfaçam em todos os níveis — sexual, emocional e espiritual. Nossa conduta sexual a dois tornou-se o reflexo do relacionamento como um todo.

Sempre ouvi casais indagando como é que podiam ir tão bem na cama e se desentender em tudo o mais. Eu respondia que qualquer um pode dominar a mecânica da coisa. Todos somos capazes de fazer sexo bem e ter orgasmo. Mas é só isso que queremos? A maioria desses casais acabava se separando, porque a vida sexual não basta para manter a união. O sexo físico, sem os componentes emocionais e espirituais, reflete uma relação unidimensional. Sexo bem-feito mas sem companheirismo emocional e espiritual não é o bastante para manter duas pessoas unidas. Se você faz sexo bem com uma pessoa não compatível emocionalmente, o que o(a) impede de fazer também com outra qualquer?

Podemos sempre ocultar o nosso verdadeiro eu por trás do sexo, mesmo o sexo bem-feito. Isso quer dizer que não estamos de fato interessados em atacar as questões realmente importantes e difíceis de um verdadeiro companheirismo: comprometer-se, livrar-se das preocupações, ouvir um ao outro, ter compaixão, dividir os afazeres etc. O que parece ser um sexo maravilhoso acaba sendo medíocre se comparado com uma parceria sexual ligada emocional, intelectual e espiritualmente.

No outro extremo disso estão os casais que têm muita coisa em comum, exceto na cama. Acho que esses casais não dedicam à sua vida sexual o tempo e a atenção necessários. As outras áreas são manejáveis, mas, confrontados com uma parte que requer algum esforço e tempo, desistem fácil demais. Se foram desonestos no começo da vida sexual dos dois e não voltam atrás para acertar isso, camadas de ressentimento e medo minam todo esforço futuro.

Todos podemos ser apanhados na armadilha das exigências da vida cotidiana ou perder a paixão de fazer o melhor que pudermos do nosso relacionamento. É muito fácil para a maioria de nós viver sexualmente insatisfeitos. Muitos não têm ferramentas sexuais com que começar, de forma que tentar construir uma vida sexual melhor é apenas mais frustrante. Lembram-se do ditado "uma andorinha só não faz verão"? Não podemos resolver sozinhos nossas vidas sexuais. Um parceiro com má vontade pode liquidar num instante com nosso entusiasmo de mudar. Então pensamos: *Por que me arriscar a perder tudo se o resto da relação está bem?* Aí aprendemos a viver sem sexo. Essa desculpa para suportar uma vida sexual infeliz é compreensível mas destrutiva a longo prazo. Todo mundo merece o melhor do sexo.

Escreva num pedaço de papel uma receita para ajudar você e seu(sua) parceiro(a) na cura de sua debilitada vida sexual:

- Não deixem que nada nem ninguém — um compromisso, o trabalho — tenha precedência, sem motivo justo, sobre o ajuste da sua parceria sexual.

- Digam um ao outro que ambos merecem uma melhor parceria sexual e que só podem ajeitá-la juntos.

- Esqueçam o passado! Sigam em frente em busca de novo estímulo sexual. Concentrem-se no que vão fazer, não no que deixaram de fazer.

Quem quiser aprender pode ser um grande parceiro sexual

A CHAVE É QUERER SER COMPANHEIRO e estar disposto a abandonar a carga emocional do passado. Quando estiver pronto para ser um verdadeiro parceiro, o sexo prazeroso poderá ser alcançado. Aqui estão alguns passos cujo domínio ajudará a lançar bases sólidas para a relação sexual:

1. **SE VOCÊ NÃO CONSEGUE FALAR DA COISA, NÃO A FAÇA.** Encontre uma linguagem sexual que o casal ache confortável e possa usar. Há centenas de palavras e expressões relacionadas a sexo, algumas médicas, outras populares. Parte dessa linguagem é sensual, mas parte é sexista. Se um casal não tem as palavras sexuais para usar na sua relação ou não consegue chegar a um acordo sobre que tipo de palavras usar, então será praticamente impossível entrar em acordo sobre o que fazer sexualmente. As palavras não apenas têm significado, mas também uma conotação subjacente. A maneira como pronunciamos as palavras e nosso tom de voz têm um importante papel na comunicação sexual.

    Os homens e as mulheres são criados com duas linguagens sexuais completamente diferentes. Os homens são encorajados a "dizer o que vêem". *Adoro me ver entrando em você.* As mulheres são ensinadas a "dizer o que sentem". *É tão gostoso quando você me toca.* Os homens tendem a ser mais visuais e específicos; as mulheres são mais genéricas. Muitos casais ficam empacados na linguagem e se desestimulam com o que os parceiros dizem. Os homens em geral reclamam que *ela não diz o que quer*, enquanto as mulheres se queixam de que *ele fala sujo demais*. Os homens têm que saber que palavras descritivas como *pau* e *foder* deixam a maioria das mulheres embaraçadas. Muitas mulheres são ensinadas a ver essas palavras como expressões sujas usadas principalmente em filmes pornográficos ou quando se está com raiva. As mulheres devem entender que os homens não sabem ler a mente dos outros e que palavras sexuais descritivas ditas entre amantes não são sujas quando ditas com amor.

Se valorizamos um grande relacionamento sexual, então temos que usar uma linguagem que expresse tanto amor como prazer sexual. Uma combinação dos dois estilos é que faz a melhor comunicação em matéria de sexo. Escolha palavras explícitas *e* expresse carinho, mas não use expressões sexistas, porque essas desestimulam em vez de excitar. Negocie e entre em acordo. Por exemplo, outro dia David ligou para dizer que adorou o sexo que fizemos na noite anterior. Foi muito importante para mim ouvir isso, porque antes de ir para a cama a gente discutiu por causa da bagunça que ele deixou no nosso escritório: "Não posso trabalhar aqui com esse caos", falei. De imediato ele caiu na defensiva: "Você sempre arranja uma discussão antes de ir para a cama e estraga o clima." Respondi assim: "Não fico zangada com nada que você faz na cama. Estou falando é de manter o escritório em ordem. Quando saio do escritório, deixo a raiva aqui e estou pronta para fazer amor. Espero que seja a mesma coisa com você." Ele sorriu e disse: "Se você consegue, eu também consigo. E prometo cuidar melhor do escritório, espero que tão bem como faço na cama."

Esse episódio entre David e eu mostra como é importante o sexo para o sucesso da relação. Não consideramos garantida nossa atividade sexual. Ele ligou para dizer que tinha gostado do que NÓS fizemos, não do que eu fiz *a* ele ou *para* ele. A gente não deixava que questões completamente diferentes interferissem na nossa relação sexual. Sem uma comunicação e uma direção claras, a maioria das pessoas jamais chegaria sequer à metade do caminho que deseja trilhar.

2. ABRA SEUS OLHOS E DEIXE ENTRAR UM POUCO DE LUZ. Não dá para contar as vezes que disse a David e Kyrsha quando procuravam algo na geladeira: "Abra os olhos e vai encontrar." Ou ajudando uma amiga a admitir que tem um problema: "Abra os seus olhos. Não vê o que essa pessoa está lhe fazendo?" É a mesma coisa com o sexo. Ficar de olhos fechados ou no escuro durante o ato sexual apenas perpetua a vergonha e o embaraço. A maioria das pessoas fecha os olhos quando tem medo de ver alguma coisa, como um filme apavorante ou uma tragédia real. Mas se não podemos nos ver fazendo um ato sexual, não podemos fazer esse ato. Temos que ver o que estamos realmente fazendo para entender por que o fazemos. Além do mais, teremos mais orgulho de nossa sexualidade quando formos capazes de nos ver e de celebrar a beleza do sexo. Creiam, é bem melhor assistir a nós mesmos fazendo amor do que dois atores fingindo que fazem sexo num filme.

Outra coisa importante é não usar o escuro para esconder o que você supõe ser um corpo sem atrativos. É hora de todos nós rejeitarmos os padrões artificiais de sensualidade e beleza que nos impingem a mídia e a publicidade. As mulheres são as piores ofensoras nesse particular. Temos que rejeitar ativamente essas imagens do "corpo perfeito" com que somos bombardeados o dia todo. Todos somos sensuais quando sexualmente felizes e satisfeitos e quando confiamos no prazer sexual que damos e recebemos.

3. **TEMOS QUE NOS DAR PRAZER SEM FAZER FORÇA PARA ATINGIR O ORGASMO.** Somos muito orientados para o resultado, tentando atingir o orgasmo em vez de desfrutar o processo do prazer. Um processo tenso e apressado pode na verdade inibir o prazer e sabotar o resultado. A Teoria do Amor Melhor é aprender a dar e receber prazer como um dos objetivos mais importantes para criar confiança e satisfação sexual. Atingir o orgasmo é mais fácil quando é resultado da criação do prazer e da excitação sexual. É preciso aprender a *chegar ao clímax*. Não pule do alto do penhasco de olhos fechados. Aceitar o prazer é a base da satisfação sexual e do orgasmo. Sempre observe se não está correndo ou pulando certos passos no processo do prazer sexual. Se a pessoa está aborrecida ou cansada com sua rotina sexual, é porque parou de explorar as avenidas do prazer, tornando-se orientada para o resultado e não mais apaixonada e carinhosa. Se você está com problemas para atingir o orgasmo, pode estar com estresse por tentar atingir a meta sem encher o seu corpo e a sua alma de prazer sexual. O Melhor Sexo é o processo. Gaste tempo nisso e se una à outra pessoa.

4. **PODEMOS TER ORGASMO SEM PENETRAÇÃO DO PÊNIS.** Uma vez iniciado o processo do prazer e isso deixe você mais à vontade, estimule (não peça

nem exija) a obtenção de mais prazer mútuo sem penetração do pênis. É assim que começamos de fato a redefinir o sexo e a satisfação sexual. É também o início da aprendizagem para fazer da relação sexual algo mutuamente satisfatório. Quando você e a outra pessoa descobrirem pelo menos uma maneira de chegarem ao orgasmo apenas se tocando e se esfregando, tentem outras maneiras. Por exemplo, usando outras partes do corpo, como a coxa, os peitos, o braço, as costas, todas as posições para ter maior contato com o clitóris ou o pênis, mas sem forçar o resultado. Todo mundo é diferente e algumas maneiras de chegar ao orgasmo são mais fáceis, ao passo que outras exigem mais tempo e persuasão. Descobrir novas maneiras de ter orgasmos sem coito deveria ser parte do nosso processo de crescimento sexual pelo resto da vida. Lembre-se de usar as mãos. Nossas mãos são as melhores amantes. As mulheres devem usar seus dedos e os dedos do amante para explorar a vulva e a vagina, indo do clitóris à abertura da vagina e então à parede interna superior da vagina. São quatro mãos envolvidas na relação, portanto usem-nas todas e revezadamente. Nunca suponha que você não pode atingir o orgasmo de certa maneira. Em vez disso, diga para si: *Estou testando essa prática sexual e aprendendo a aumentar o meu prazer.*

    Se você tiver realmente aversão a certa prática ou estímulo sexual, diga isso sincera e abertamente à outra pessoa e dedique algum tempo a examinar a razão. Muitas aversões são adquiridas em más experiências ou pela timidez na juventude. Claro, existem limites para o prazer sexual e evidentemente não temos que fazer nada que seja doloroso ou humilhante. O prazer sexual de ninguém deve depender de algo que pode de fato ferir. Cada pessoa tem o direito de decidir o que quer aprender ou fazer e como deseja ampliar seu prazer. Esses passos devem ser dados devagar e não deixe que a outra pessoa controle o processo. Se trabalharem juntos, terão mais satisfação mútua e será mais divertido também.

Lembro-me da primeira vez que comecei a me tocar nos jogos preliminares com David. Lembrome do olhar dele a observar minhas mãos indo e vindo dele para mim e vice-versa. Primeiro, ficou pasmado, depois sorriu. Perguntei-lhe se ficava embaraçado por eu dar prazer a mim mesma. Não estava embaraçado, ao contrário, estava excitado. Também ajudava a fazer sua pressão decolar para me dar o máximo de satisfação. Era ainda uma oportunidade para ele aprender sobre mim e o que eu gostava.

5. MOSTRE E DIGA O QUE APRENDEU. Este é um dos meus passos preferidos, porque é o começo da construção de um verdadeiro companheirismo, que celebra a satisfação mútua. Agora que vocês se tocaram, esfregaram e beijaram até chegar ao orgasmo, é hora de mostrar e dizer um ao outro o que aprenderam e o que mais desejam experimentar juntos. Todo homem e toda mulher deveria ver e sentir o parceiro tendo um orgasmo. Os homens podem sentir o orgasmo da mulher enfiando um ou dois dedos na vagina da companheira enquanto ela esfrega o clitóris. Quando ela chegar ao orgasmo, o

homem sentirá a vagina mais apertada e em contrações. O músculo da abertura da vagina é forte e agarra com força, portanto é possível para o homem sentir facilmente essas contrações. As mulheres deveriam ver e sentir o pênis do parceiro ejacular quando ele se masturba.

Vocês devem ficar pensando por que eu acho importante observar o orgasmo da outra pessoa. Tenho orgulho dos meus orgasmos. Não fico envergonhada ou embaraçada de mostrá-los a David. Não fico embaraçada com as caras ou barulhos que faço nem com o jeito engraçado como mexo, em rosca. Essa sou eu, a verdadeira. O orgasmo é um dos meus momentos mais vulneráveis e partilhá-lo com David nos aproxima ainda mais. Admiro seus momentos de prazer tanto quanto gosto dos meus, porque vejo que ele aceita sua sexualidade como parte importante de quem é. O orgasmo é apenas mais uma expressão da autoestima e do valor próprio e quando as duas pessoas sentem prazer com os seus orgasmos a relação só pode melhorar.

O objetivo de poder olhar e falar sobre o seu prazer sexual é garantir à satisfação mútua a mesma oportunidade que tudo o mais. Por que o êxito no sexo deveria ser diferente do sucesso na profissão, no lazer e na maternidade ou paternidade? A hora de *mostrar e falar* permite à outra pessoa conhecer, ver e sentir a verdade sobre o seu processo de prazer. Pense nisso como uma dádiva de informação à outra pessoa para ajudá-la a ser o seu ou a sua melhor amante.

Isso tudo lhe parece um tanto fora do comum? Na verdade, estamos falando de uma abordagem de senso comum para a construção da autoconfiança e honestidade sexuais entre duas pessoas. O melhor amor e o melhor sexo não dependem de nenhuma mágica, de técnicas ou regras exóticas, mas de um processo gradual e de senso comum baseado em atitudes positivas, informação correta e vontade de ser sincero consigo e com o outro.

Capítulo 11

A nova evolução sexual: mudando nossas atitudes sobre sexo e relacionamentos

*Podemos ter o melhor do amor
e do sexo aqui mesmo neste mundo!*

DE POUCO VALE A TÉCNICA SEXUAL SEM AUTO-ESTIMA

PROPOSITALMENTE, NÃO PUS NESTE livro muita técnica sexual, "como fazer" isso ou aquilo. Li a maioria dos livros sobre sexo no mercado e, embora possa ter aprendido como fazer melhor, por exemplo, o sexo oral, nunca aprendi em livro como me amar mais como ser sexual. A maior parte das coisas que li não me ajudou a mudar meus medos e atitudes sexuais negativas. Muitas vezes, experimentar novas posições ou práticas sexuais sem ter autoconfiança apenas me levou a sentir mais culpa e vergonha de mim mesma.

O que eu realmente procurava ao ler esses livros era alguém que pudesse me esclarecer sobre os ensinamentos sexuais conflitantes que davam voltas na minha cabeça. Precisava de uma boa inspiração à moda antiga para saber que não era uma aberração sexual ou uma perdedora. Milhões de pessoas como eu estão perdidas num labirinto sexual. Parece que vivemos repetindo os mesmos erros e nunca conseguimos de fato sair desse círculo vicioso para trilhar um novo caminho. Muitos de nós têm vidas duplas, ocultando desejos e preferências sexuais inconfessas. O abuso de crianças está adquirindo proporções epidêmicas. Isso continua a devastar muitas vidas, deixando em nossa alma feridas profundas que muitas vezes levam uma vida inteira para curar, isso quando são curadas.

Sou totalmente a favor de aprimorarmos nossa técnica sexual para que a relação proporcione mútuo prazer e satisfação, mas só depois de termos mudado nossas atitudes sexuais. Apenas saber *como* e não saber *por que* nem *para que*, decididamente, não é o bastante.

Minhas atitudes eram como motores de pouca potência tentando arrastar meu corpo e minha alma numa direção que só me levava de volta ao ponto onde eu sempre recomeçava: a dor, a humilhação, o medo e o fracasso. Não era uma pessoa desonesta, apesar de fazer coisas desonestas. Não era burra, embora cometesse sérias burrices. Em suma, eu era uma grande contradição e quanto mais tentava, menos mudava. Por fim, fui à origem dos meus problemas de comportamento: minhas atitudes. Isolei-as e desbastei uma a uma, examinando fibra por fibra para ver suas raízes, sua força e sua ligação com o meu comportamento. Minhas atitudes provinham de mensagens depreciativas sobre o fato de ser menina, depois mulher, assim como da rejeição e das críticas de meu pai e de algumas opções estúpidas e degradantes que fiz. Em matéria de auto-estima, eu era uma confusão. Levei os últimos vinte anos para descobrir novas atitudes sexuais à medida que explorava minha paisagem física, emocional e espiritual, testando novos caminhos e idéias. Não é uma coisa impossível nem tão difícil assim. E, se eu consegui, você também pode. Eu era tão ignorante e estava tão perdida e amedrontada quanto todo mundo.

*P*RIMEIRO, DÊ UMA OLHADA SINCERA E PROFUNDA NA SUA HISTÓRIA SEXUAL

FUI SEXUALMENTE MOLESTADA QUANDO criança. Um amigo íntimo da família aproveitou-se de sua "imagem paterna" e me atacou num barco quando eu tinha dez anos. Pôs os dedos na minha vagina mas ejaculou antes de enfiar o pênis. Traí um marido e tive casos fortuitos, de uma noite só. Fiz sexo sob influência de álcool e maconha. Fiz amor com outra mulher. Tive mais experiências sexuais que algumas pessoas e menos que outras.

Em termos comparativos, minha vida sexual é bem comum. Acho que gosto de variedade e excentricidades tanto quanto qualquer pessoa. O ponto onde minha vida sexual é bem diferente, talvez mesmo extraordinária, é no fato de hoje estar conectada em todos os níveis — física, emocional e espiritualmente.

Hoje, não há vergonha, culpa ou embaraço na minha vida sexual. Não tenho vergonha porque não faço nada que vá contra meu compromisso com a sinceridade. Quanto às coisas ofensivas que fiz no passado, desculpei a mim mesma e aos outros que machuquei. Em troca, recebi o perdão deles e perdoei a mim mesma. Não me sinto culpada porque assumo plena responsabilidade por meus atos e admiti meus erros para mim mesma e para os outros. Não fico embaraçada com qualquer aspecto da minha vida sexual porque aceitei a sexualidade como parte normal e integrante do meu bem-estar. Tenho orgulho da minha sexualidade e cuido dela para atingir novos estágios físicos, emocionais e espirituais. O embaraço surge quando tentamos apresentar aos outros uma imagem não verdadeira de nós mesmos. Sou quem pareço ser — o lado bom e aquele não tão bom. Estou trabalhando nesse último e nem com essas falhas óbvias fico embaraçada, porque superei o medo de ser rejeitada ou criticada e me sinto melhor com quem sou agora. Nem pensem por um minuto que atingi algum pináculo de perfeição sexual. Ainda estou trabalhando no meu bem-estar sexual e na minha relação com David.

*S*EGUNDO, TEMOS QUE SER MADUROS EM NOSSAS ATITUDES SEXUAIS

A SEXUALIDADE É UMA CHANCE para melhorar nossa qualidade de vida. É triste para mim pensar que, como sociedade, fizemos da expressão sexual tudo o que ela não é. Fizemos da manifestação de amor uma arma, usando o sexo para agredir, abusar e degradar. Pegamos um belo e eficaz meio de comunicação e o transformamos em algo sujo e vergonhoso, usando-o como mercadoria para obter dinheiro e status. Tornamos impossível falar de sexo entre amantes ou no seio da família, por medo de que possamos revelar demais as nossas ignorâncias e imprudências sexuais. Deixamos que uma profunda ligação espiritual seja usada como um instrumento do ego superficial. À medida que a cultura *pop* foi reduzindo a importância e o valor intrínsecos da expressão sexual às páginas centrais das revistas e aos filmes só para homens, a maioria das religiões acrescentou mais culpa e vergonha desnecessárias a uma experiência natural e prazerosa. Essas duas interpretações contraditórias do verdadeiro significado da expressão sexual deixaram gerações e gerações confusas e perdidas.

É irônico que a gente tenha de tirar licença para casar, para dirigir, para trabalhar, para exercer uma infinidade de profissões, mas prefira continuar desinformado quando se trata de relações sexuais. Devíamos exigir uma licença sexual para garantir que todos tenham uma informação correta sobre sexo. Tal licença seria sujeita a Leis de Segurança Sexual, pelas quais seria ilegal:

1. Fazer sexo sob influência de drogas e de álcool.
2. Fazer sexo cedo demais, sem dar tempo ao relacionamento para criar, primeiro, laços emocionais e espirituais.
3. Não usar camisinha nem controlar a natalidade ao fazer sexo.
4. Fazer sexo que coloque outras pessoas em risco.
5. Fazer sexo no escuro. Ligue umas luzes.
6. Mudar de rumo durante a relação sexual sem avisar a outra pessoa.
7. Mentir para a outra pessoa durante o sexo.
8. Usar o sexo para propósitos ilícitos ou ilegais.
9. Forçar alguém a fazer sexo contra a vontade.

Claro, se tais leis não fossem cumpridas, haveria penalidades. A questão é que somos desesperados pelo prazer e poder do sexo mas não maduros o suficiente para fazer dele uma força positiva em nossas vidas. Se damos risadinhas nervosas quando alguém diz a palavra *pênis* ou a palavra *vagina*, será que somos maduros? Podemos gozar a vida sexual que merecemos se mudarmos nossas atitudes e crescermos sexualmente, fazendo algumas promessas a nós mesmos e sobre nossos relacionamentos.

**ESTAS SÃO MINHAS DEZ PROMESSAS
PARA O MELHOR DO AMOR E DO SEXO:**

Prometo:

1. Reconhecer meu direito a uma vida sexual mutuamente satisfatória.

2. Assumir responsabilidade por minha própria satisfação sexual.

3. Aprender mais quem eu sou sexualmente e trabalhar por uma maior auto-estima sexual.

4. Usar minha sexualidade para o prazer e a realização em quatro níveis — físico, emocional, intelectual e espiritual.

5. Manter a sexualidade como parte importante da minha vida e do meu relacionamento.

6. Ser honesta comigo mesma e com meu parceiro sobre quem eu sou sexualmente e aonde quero che-

gar, de forma que possamos crescer juntos e não separados.

7. Nunca usar o sexo como arma, ameaça, instrumento para inflar ou punir o ego.

8. Nunca permitir que me usem como objeto sexual.

9. Livrar-me dos sentimentos injustificados de culpa, vergonha e medo que me impedem de ter orgulho e confiança sexuais.

10. Ajudar nossos filhos e as gerações seguintes a evitar os mitos, erros, concepções equivocadas, o sofrimento e a dor desnecessários que acompanham uma vida sexual que não reconhece o valor e a humanidade intrínsecos das outras pessoas.

Terceiro, temos que desbancar os mitos e as concepções erradas sobre sexo

ENTÃO, O QUE SÃO ESSES MITOS e erros que causam sofrimento e dor? Queremos ajudar a nós mesmos e nossos filhos a evitá-los. Deixem-me aliviar os piores medos de todo mundo e esclarecer as concepções erradas que contribuíram para a nossa ignorância sexual. Ao longo de todo o livro falei dessas idéias, mas vale a pena repetir. Precisamos de uma nova compreensão do sexo, uma compreensão que contribua para a auto-estima sexual de todos.

MITO Nº 1. AS MULHERES PRECISAM MAIS DE AMOR QUE DE SEXO. Falso!!! Todo mundo precisa mais de amor que de sexo. Quando estamos numa relação amorosa, todos precisamos de intimidade e satisfação sexual, e todos precisamos ser tocados e validados sexualmente. É a expressão íntima e única que difere cada relacionamento de todos os outros. Com poucas exceções, um relacionamento amoroso sem sexo é vazio e nocivo para ambas as pessoas. Sexo sem amor é também vazio se comparado ao sexo com amor e carinho.

MITO Nº 2. OS HOMENS PRECISAM MAIS DE ALÍVIO SEXUAL QUE AS MULHERES. Nenhum homem que já viu uma mulher tendo orgasmo ousaria dizer ou pensar uma coisa dessas. Como pode o orgasmo de um homem ser mais importante que o de uma mulher? Tenho certeza de que a ereção masculina tem algo a ver com essa concepção equivocada. Admito que a sua firmeza e capacidade de desafiar a gravidade são impressionantes, mas essa manifestação exterior não significa maior poder de liberação interior. Certo, a testosterona é um dos elementos do vigor sexual, mas a pesquisa também provou que excesso de testosterona pode diminuir e mesmo liquidar esse vigoroso desejo. Podem perguntar a qualquer fisicultor que exagerou na dose do hormônio. O corpo pode ficar supergrande e rijo, mas o pênis e os testículos não aumentam nem aumenta o vigor sexual. A química do corpo feminino contém um tanto de testosterona, mas os hormônios não se limitam a criar desejo e necessidade de satisfação sexual.

MITO Nº 3. OS HOMENS SÃO MAIS VISUAIS; AS MULHERES, MAIS DE TOQUE. O que isso quer dizer é que os homens querem e precisam mais *ver* durante a relação sexual. Como saber se esse desejo de ficar de olhos abertos é genético ou adquirido? Afinal, a partir da adolescência os homens são bombardeados por incontáveis imagens de mulheres nuas. Nós autorizamos e encorajamos os homens a ver sexo. Tal concepção equivocada é reforçada quando dizemos que as mulheres não gostam de olhar nada ligado a sexo porque são menos afeitas à visão que ao toque. Não creio que o toque seja necessariamente uma "característica" feminina. Essa afinidade das mulheres ao toque pode ser antes histórica que natural. Somos ensinadas a ser passivas no sexo. Mas que tolo e incorreto é colocar constantemente os dois sexos em pólos opostos quando o que queremos construir entre eles são parcerias. As mulheres têm olhos para ver e os homens têm mãos e terminações nervosas para experimentar o toque. Temos que deixar os indivíduos decidirem por si mesmos suas respostas sexuais e não ficar insistindo que o toque e a visão sejam características específicas de um sexo ou de outro. É importante para ambos os amantes abrir os olhos e ver o que estão fazendo na relação sexual, assim como é importante para cada um tocar e ser tocado.

MITO Nº 4. OS HOMENS MASTURBAM-SE MAIS DO QUE AS MULHERES. É uma meia verdade. Certo, hoje são mais os homens que se masturbam, mas as estatísticas estão mudando. Mais e mais mulheres sentem-se bem com o que são sexualmente e querem saber como funcionam e como se satisfazer. Tudo tem a ver com a permissão, com a liberação, não com uma característica do gênero feminino. Talvez venha a existir mais igualdade entre os sexos em outros aspectos da vida quando todos nos sentirmos mais à vontade para obter satisfação sexual. Meu novo lema é: *Estenda a mão e toque-se.*

MITO N° 5. AS MULHERES DEMORAM MAIS PARA CHEGAR AO ORGASMO. Essa é outra meia verdade. A maioria dos homens, mas não todos, pode chegar ao orgasmo mais rápido que as mulheres. De novo, é uma questão de liberação, de permissão. Em se tratando de orgasmo, os homens tiveram mais prática e mais estímulo. Muitas mulheres me falaram de sua preocupação com o tempo que levam para chegar ao orgasmo. Em parte a preocupação se deve à rapidez dos parceiros em atingir o orgasmo. Mas é um milhão de vezes mais fácil alcançar algo se nos ensinam e mostram como. Todas sabemos como os homens têm orgasmo. As mulheres precisam de informação é sobre o funcionamento do corpo feminino e de estímulo para se sentirem mais à vontade com o tempo que levam para chegar ao orgasmo. O fato é que mais rápido não significa melhor. O melhor do sexo é saborear o processo.

MITO N° 6. A EREÇÃO É PROVA DE QUE O HOMEM ESTÁ SEXUALMENTE EXCITADO. O PÊNIS MOLE SIGNIFICA QUE ELE NÃO ESTÁ EXCITADO. Uma ereção é sinal de que as terminações nervosas do pênis demandaram um fechamento de válvulas, dessa forma retendo sangue no tecido cavernoso. O simples fato de um homem ter uma ereção não significa que está pronto para o orgasmo ou que pode ter um orgasmo. Trata-se de um reflexo — que pode ocorrer várias vezes durante a noite e quando ele acorda para urinar. Por outro lado, o pênis mole não significa que o homem não esteja excitado sexualmente ou não esteja gostando da relação. Dá-se muita importância ao tamanho e à dureza do pênis, desprezando-se a sensualidade na mente e o amor no coração de um homem. Já fui culpada por pensar que meu parceiro não estava excitado porque não tinha uma ereção instantânea ou porque seu pênis não ficava duro todo o tempo durante as preliminares. Eu estava mais preocupada se e até que ponto esse homem me desejava do que com o carinho que devíamos ter um pelo outro como amigos e amantes. Um pênis ereto é necessário ao coito vaginal, mas as mãos de um homem serão sempre seu mais importante instrumento sexual.

MITO Nº 7. TODAS AS MULHERES TÊM ORGASMOS MÚLTIPLOS. Se os homens sofreram pressão por causa da ereção, agora são as mulheres que sofrem pressão por causa dos orgasmos múltiplos. Acho isso espantoso, uma vez que ainda não falamos hoje, de forma aberta e sincera, de como uma mulher atinge *um* orgasmo de fato. Sexo não é uma questão de quantidade. A satisfação sexual deveria ser sempre questão de qualidade. Não importa se uma mulher ou um homem têm um ou cinco orgasmos; o que importa é como se sentem a respeito de sua sexualidade e a relação. Tentar fazer uma mulher ter seis orgasmos pode ser mais uma questão de engrandecimento do ego do homem que tenta a proeza. É mais uma forma de usar o prazer sexual pelos motivos errados. Às vezes posso ter mais de um orgasmo, mas creiam que um grande orgasmo é mais do que suficiente para mim. Não dêem importância ao número de orgasmos; valorizem, em vez disso, os sentimentos de contentamento e satisfação. A regra do orgasmo múltiplo é: *Todo mundo deve encarregar-se dos seus orgasmos, assumindo como quer tê-los e quantos.*

MITO Nº 8. OS HOMENS TÊM O SEU AUGE SEXUAL DA ADOLESCÊNCIA AOS VINTE E POUCOS ANOS. AS MULHERES, DOS TRINTA E TANTOS AOS QUARENTA E TANTOS. Aí vamos nós de novo. Perpetuamos outro mito sobre os sexos ao atribuir diferenças sexuais à biologia e aos hormônios e não à socialização. Como poderia uma mulher atingir o auge sexual na adolescência ou aos 20 e poucos anos se é ensinada a negar seus desejos sexuais? Ter forte ímpeto sexual quando garota é arriscar-se a ser rotulada de "ninfomaníaca" ou "piranha". A questão aqui, de novo, é a *permissão*. As mulheres tendem a se sentir mais à vontade com sua sexualidade mais tarde na vida, por levarem muito tempo para superar toda a vergonha e medo. Com o tempo, à medida que ficamos mais confiantes no geral, ficamos mais à vontade para buscar satisfação sexual. Tal nível de conforto é atingido quando adquirimos conhecimento maior sobre nosso corpo e nossos sentimentos a respeito de sexo. Lembro que, quando adolescente, pensava em sexo e ficava ligada o dia inteiro. Qualquer observação inocente podia ser tomada na conta de sexual. A diferença entre os garotos e as garotas era que os meninos admitiam abertamente seu interesse e desejo sexual. E esperava-se que agissem de acordo com seus anseios. Lembro-me do filme *Nos tempos da brilhantina* — bom exemplo de como se espera que rapazes e moças lidem com seus impulsos sexuais. Quando os rapazes se gabavam de uma conquista, adquiriam grande status. Mas se as personagens femininas faziam o mesmo, eram tachadas de vagabundas. Quando as expectativas de comportamento sexual forem mais semelhantes para homens e mulheres, quem sabe nosso desejo e ímpeto sexuais se tornem mais próximos em termos de idade e intensidade.

MITO Nº 9. O ORGASMO FEMININO É ATINGIDO COM A ESTIMULAÇÃO DO PONTO G, LOCALIZADO NA VAGINA. Eis um dos maiores erros que atormentaram as mulheres durante anos. O ponto G não é um pequenino ponto mágico que requer atenção especial como uma mancha na roupa que se leva à lavanderia. Na verdade, as mulheres não têm o mesmo tipo de sensação na vagina. O problema com a teoria do ponto G, na verdade, é que ela cria mais uma concepção equivocada sobre o ponto onde as mulheres têm prazer sexual. Essa teoria parece apenas defender que a mulher deve tirar o seu prazer da penetração de um pênis na vagina. Isso não é válido. Mas o pênis não foi feito para se encaixar perfeitamente na vagina e atingir o ponto certo? Ninguém sabe ao certo. Então como é que poderia vir o dr. Grafenberg nos dizer para procurar (às vezes durante anos) um pontinho dentro da vagina chamado "ponto G" (de Grafenberg, claro)? Até Freud aumentou a confusão ao defender que as mulheres têm dois tipos de orgasmos, os imaturos e os maduros.*Hanh?* A teoria do ponto G supostamente confirma a teoria de Freud segundo a qual o único orgasmo maduro na mulher é o vaginal. Não devemos ignorar toda a obra do dr. Freud, mas parece que devíamos repensar algumas de suas teorias agora que vários biógrafos afirmam que ele era viciado em cocaína, o que provavelmente foi um dos fatores para a bem documentada batalha que ele travou com a impotência sexual. O problema com a teoria do dr. G é que algumas mulheres têm o tal ponto e outras não. Eis a verdade. O orgasmo da mulher não está esperando dentro da vagina que um pênis penetre para tirá-lo de lá. Nossas terminações nervosas orgásticas estão e sempre estarão no clitóris. Toda mulher nasce com clitóris e pode obter o orgasmo com estimulação direta. É assim que estamos programadas para funcionar. A função do clitóris tem um propósito: dar orgasmos à mulher. O ponto G é meramente uma extensão das terminações nervosas do clitóris. Em outras palavras, toda mulher possui o que é preciso para ter orgasmo.

MITO Nº 10. O COITO VAGINAL É O ATO SEXUAL MAIS SATISFATÓRIO E O ÚNICO ATO SEXUAL DE FATO. Esse é o mais desinformado e destrutivo dos conceitos que ainda é passado adiante às novas gerações de mulheres. É ridículo e absurdo que se diga às moças que a cópula deve ser o ato sexual mais satisfatório e que os homens sejam encorajdos, senão obrigados, a impor o coito às mulheres. A maioria das mulheres não tem orgasmo através da cópula apenas. O coito vaginal é bom para fazer bebês e, afinal, nenhum de nós estaria aqui não fosse ele. No entanto, esse ato sexual não é o máximo em matéria de satisfação para as mulheres e já era hora de alguém dizer isso. Vamos começar a esclarecer essas noções erradas para que possamos prosseguir em direção ao orgulho e confiança sexuais.

𝒫OR FIM, PRECISAMOS MUDAR NOSSA VISÃO SOBRE O COITO

NA CÓPULA PODEMOS EXPERIMENTAR uma intimidade especial. O coito tem o poder de revelar nossa vulnerabilidade. Pode consolar-nos ao mesmo tempo que instiga e trazer à tona a mais profunda paixão e prazer. Por outro lado, pode também fazer com que nos sintamos usadas, abusadas, desamadas, desvalorizadas, temerosas, embaraçadas, envergonhadas, zangadas e magoadas. Uma coisa tão poderosa deveria ser explicada em termos explícitos, com ênfase no seu valor e significado para o processo gradual de maturidade sexual. O coito não deveria ser a primeira grande experiência sexual com outra pessoa, mas um objetivo para o qual deveríamos trabalhar por um certo tempo depois de experimentar outros tipos de expressão sexual.

A cópula não é:

- UMA OBRIGAÇÃO. Copular não é um direito, mesmo quando somos casados. É um ato sexual que requer acordo mútuo e não deve ser praticado como ameaça nem à força. É uma expressão de amor e mútua consideração.

- UM MEIO DE RESOLVER TODOS OS PROBLEMAS DO RELACIONAMENTO. O coito não pode ser a única cola para consertar um relacionamento partido. Com efeito, pode às vezes tornar as coisas piores, ao colocar mais pressão sobre um casal já constrangido.

- **UM DIREITO DO MACHO.** A cópula deve ser encarada como uma oportunidade igual para a satisfação, a afirmação, a partilha do poder, para se dar e receber prazer, para cada um se sentir bem consigo mesmo e com a relação.

A idéia básica que precisamos mudar é a noção de que os homens têm a tarefa de conduzir a relação, de que é o homem que "fatura" a mulher. Claro, os homens são parte do processo de decisão sobre onde e como o casal vai praticar o coito. Mas é a mulher que tem a palavra final. É o corpo dela e é ela quem vai decidir quando alguém vai entrar.

Essa mudança de perspectiva coloca homens e mulheres em pé de igualdade e faz da cópula uma afirmação disso. Também deixa claro que a mulher tem o direito de decidir quando o pênis pode entrar, até onde, o que pode fazer, quanto tempo fica e quando sai. Num relacionamento amoroso de fato, em que o prazer de cada um é igualmente importante, essa nova atitude não será problema. Na verdade, será de ajuda. Vejamos de que forma.

A maioria dos homens reclama que as parceiras não têm iniciativa o bastante, especialmente na relação sexual. *Gostaria que ela tivesse mais participação* ou *que tomasse a iniciativa.* Com essa nova atitude de respeito ao direito da mulher de controlar o próprio corpo, a mulher vai querer participar mais da relação sexual, porque seu prazer será maior. E à medida que ela gostar mais de fazer sexo, aumentará também o prazer do parceiro.

Então, de que forma essa nova atitude de igualdade muda o comportamento no ato sexual? De várias formas, todas garantindo mútua satisfação.

O coito deve sempre começar quando a mulher diz que está pronta para ser penetrada. E, creiam, a vagina vai exibir sinais bem claros de que está pronta. Quando o clitóris é estimulado, a mulher começa a se excitar sexualmente. À medida que a sensação percorre suas terminações nervosas, a abertura da vagina aumenta e lubrifica-se. Quando se aproxima o orgasmo feminino, a vagina alonga-se, fica mais larga e receptiva. E, quando ele está para chegar, fica intumescida, os vasos repletos de sangue, começando então a estreitar para sentir o pênis.

Antes de prosseguirmos na experiência do coito, esse fato biológico — a capacidade da vagina se alargar e estreitar — deveria pôr em descanso definitivamente o medo de que o pênis de um homem possa ser pequeno demais para a vagina da parceira. Todas as vaginas têm a capacidade de eliminar a folga! Tal ajuste ao tamanho dos órgãos genitais só acontece quando ambos os amantes estão sexualmente excitados. Quando uma mulher se sente de fato excitada, o clitóris e a vagina deixam isso evidente.

O grande problema para atingir essa excitação mútua está nas técnicas da relação sexual. Pode parecer que as mulheres só têm orgasmo com a penetração vaginal, não com a estimulação do clitóris. O fato é que 99 por cento das posições de cópula ilustradas em livros não mostram o clitóris. Para que uma mulher atinja o orgasmo, em uma variedade de posições do coito, seu clitóris deve ser estimulado por ela mesma ou pelo amante. As mãos desempenham importante papel antes e durante o coito. Toda posição de cópula pode ser ajustada de modo que a mão da mulher ou do homem toque o clitóris. Não é difícil aprender se mudarmos nossa idéia do que deve ser o coito.

Já vimos que o clitóris é o "centro do orgasmo" feminino e que suas terminações nervosas têm prolongamentos na abertura da vagina, nas duas primeiras polegadas (5cm) da parede interna superior. Quando esta área interna também é tocada e esfregada, isso ajuda a maioria das mulheres a atingir o orgasmo. Para a maioria dos homens, a principal área sensível são as duas primeiras polegadas do pênis a partir da ponta. Por isso faz sentido que essas duas áreas de duas polegadas entrem em contato.

Para que isso aconteça durante a cópula, recomendo que o homem insira cinco centímetros do pênis na vagina da mulher e se posicione ou faça com que ela se coloque de um jeito que pressione o pênis para cima, contra a parede superior da vagina. O músculo da abertura e os cinco centímetros iniciais são as partes mais apertadas da vagina, de forma que assim os amantes terão mais sensação. As melhores posições são as seguintes: (1) a mulher de joelhos, apoiando-se nos ombros e deixando as mãos livres para tocar o clitóris; (2) os amantes deitados de lado, um de frente para o outro, com os corpos afastados na parte superior cerca de meio metro. São apenas duas posições que, descobri, funcionam com a "teoria dos cinco centímetros". Descubram suas próprias variações e me digam como funcionam. Graças a Deus pode-se superar esse medo de ter um pênis pequeno demais. Bastam duas polegadas.

Essa nova definição da cópula, que inclui a estimulação manual do clitóris, também encoraja os amantes a se olhar, falar, sorrir e mesmo rir durante a relação sexual. Isso garante mútua satisfação e pode até estimular orgasmos simultâneos, porque ambos os amantes colaboram ativamente. Você conseguirá dizer à outra pessoa quando está para atingir o orgasmo e ver o êxtase em seu rosto. As preliminares serão mais instigantes porque vocês sabem que levam a um processo cheio de prazer e a um intenso resultado. Em outras palavras, elimina-se a tensão, nenhum dos amantes tem que conduzir o outro.

Lutei durante anos com experiências de cópula insatisfatórias, achando que havia algo de errado comigo. Só conseguia ter orgasmo quando ficava por cima, mas isso exigia muito esforço, dava muito trabalho. Mas quando me masturbava o orgasmo era mais fácil e demorava menos para chegar. Portanto, o problema não era comigo! Era com a velha concepção do coito para o prazer e satisfação do homem. Aprendi a adaptar o que supunha devia ser ou parecer o coito. Quando vejo imagens de casais copulando sem estimulação manual do clitóris, parece estranho para mim.

Todas essas novas idéias exigem prática, mas, acima de tudo, um compromisso amoroso e paciente que valorize as semelhanças entre homem e mulher e nossa compatibilidade como grandes parceiros sexuais.

Uma palavra aos pais: ter vida sexual e crianças por perto exige certo planejamento

RECENTEMENTE, MINHA FILHA MUDOU-SE para seu próprio apartamento. Fica a apenas algumas quadras do meu, na mesma rua, mas mesmo assim significa sair da barra da saia da mãe. Sentirei a sua falta, mas também vou apreciar a privacidade. David e eu não tivemos muita chance de andar pelados, alegremente, pela casa. Tenho certeza de que é por isso que casais com filhos gostam de ir a hotéis. Ficar longe das crianças permite que os casais entrem em contato com sua sexualidade. É difícil desempenhar os papéis de amante e pai ou mãe e tentar satisfazer todas as necessidades daqueles que amamos. Requer esforço e energia equilibrar a escala entre fazer pelos outros e fazer para nós mesmos.

Se você quer algo parecido com sanidade e satisfação sexual, é preciso se permitir tanto uma existência sexual como a de pai ou mãe. Afinal, foi o sexo que fez de você pai ou mãe, de forma que as duas coisas devem coexistir. Quando seus filhos crescerem, lembre-se de que os jovens fazem o que nós fazemos, não o que dizemos. Se você é pai solteiro ou mãe solteira e não quer que seus filhos adolescentes pratiquem sexo, é mais do que provável que eles não o façam se você também não for para a cama logo no início de seus relacionamentos. As crianças vêem o mundo de uma perspectiva "ou isso ou aquilo". As intricadas questões que envolvem o relacionamento amoroso e o sexo podem ser complicadas demais para que eles as entendam plenamente.

Ainda oriento minha filha de 23 anos em decisões difíceis e opções que assustam. Kyrsha e eu conversamos muito sobre sexo e temos discussões profundas sobre nossas experiências pessoais. Ela está tentando se entender como mulher e buscando um relacionamento em pé de igualdade com um homem. E luta com a autoconfiança e o medo, como aconteceu comigo. Fica confusa com as mensagens contraditórias de um mundo que ainda recusa à mulher a divisão do poder com o homem. Às vezes fica furiosa com a óbvia injustiça que preside os papéis de macho e fêmea. Outras, busca os elogios conferidos às mulheres que se adequam à imagem falsa mas ideal de fêmea. Para dizer o mínimo, é confuso para ela e para os rapazes com quem se relaciona.

A SATISFAÇÃO SEXUAL CONTRIBUI PARA NOS MANTER SAUDÁVEIS

COMO RESULTADO DE NOSSAS NOVAS atitudes e comportamentos, logo descobriremos que a satisfação sexual pode contribuir para nos manter mais saudáveis. Orgasmos curam alergias. São um descongestionante natural e podem ajudar a aliviar enxaquecas ao aumentar o fluxo sangüíneo e diminuir a pressão. O orgasmo também produz endorfinas, que contribuem para a sensação de bem-estar e estimulam o sistema imunológico. Os orgasmos ajudam a diminuir a possibilidade de câncer na próstata e, no caso das mulheres, lubrificam e fortalecem os orgãos genitais. A falta de uso resseca e faz perder a elasticidade dos órgãos sexuais. *Usar ou perder* é a idéia que se liga à segunda parte da teoria: a sexualidade só resiste se for utilizada. Se os músculos de nosso corpo não forem usados, não pedirão para sê-lo e, quando chamados a desempenhar seu papel, podem hesitar ou mesmo desistir. O desejo sexual também diminui com a falta de uso. Compare-se à mecânica do carro — ele roda melhor, mais macio, com o uso contínuo. O mesmo ocorre com o simples ato de caminhar — quanto mais você o pratica, mais poderá praticá-lo. O sexo prazeroso estimula mais sexo prazeroso e nos dá, mais que qualquer outra experiência, uma sensação de intimidade, de ser parte de alguma coisa, de ter importância para alguém.

Mais de 40 por cento dos problemas sexuais são causados por problemas de saúde. Nossa sociedade é muito desatenta com a óbvia conexão que existe entre o estado físico e o bem-estar sexual. Sempre fui atleta, dançarina e halterofilista. Vi as mudanças no meu corpo, porém, mais importante, senti as mudanças na minha atitude em relação à vida e à minha sexualidade. Quero alimentar a minha sexualidade e ter controle sobre o seu rumo e qualidade. Só posso ter o tipo de vida sexual que desejo quando estou física, emocional e espiritualmente bem.

Conheci muita gente que busca todo tipo de elixires exóticos para melhorar a vida sexual e aumentar o desejo. Mas em geral negligenciam o óbvio, que é manter-se em melhor forma. Se assumimos o compromisso de melhorar nossa vida sexual, então temos que assumir o mesmo compromisso com a saúde e a forma física. Mantenha a boa forma sexual através da boa alimentação e de um plano de exercícios que aumente a força, a flexibilidade e a resistência. Freqüentar uma academia decididamente ajudou a aumentar minha auto-estima, mantendo-me ao mesmo tempo em forma. Agora, toda vez que vejo um anúncio de clube de ginástica ou programa de exercícios físicos, a vontade é acrescentar: E TAMBÉM VAI MELHORAR MUITO A SUA VIDA SEXUAL!

Há muito a aprender, mudar e reajustar ao longo da vida

MEU FRACASSO AO FAZER OPÇÕES sexuais na vida foi por não saber o que queria ou precisava valorizar. Ouvimos muita conversa sobre valores familiares, mas a maior parte das pessoas não assumiu compromisso com seus próprios valores individuais — as idéias e crenças que guiam nossas decisões na vida. Tive que parar e pensar seriamente no que era importante para mim. Fiz uma lista palpável e então trabalhei para viver segundo seus princípios. Assumi um compromisso comigo mesma e com aquilo em que acreditava.

Eis um sistema de valores, alguns marcos indicadores que podem ajudar a sinalizar o caminho para alcançar o orgulho e a confiança sexuais:

1. Temos que valorizar a nós mesmos e ao sexo a que pertencemos. Não pode haver intimidação física, emocional ou espiritual de qualquer dos sexos nem de qualquer orientação sexual. Quando julgamos outra pessoa ou rebaixamos alguém para nos sentirmos melhor, diminuímos nosso próprio valor.

2. Estar satisfeito com sua vida sexual é o mesmo que estar satisfeito com quem você é. Não se pode construir uma vida sexual com base na insegurança. Sua vida sexual vai florescer quando você começar a cultivar uma atitude de confiança.

3. Permanecer na ignorância sexual é ter medo do poder do conhecimento. É inconcebível que nossa sociedade promova a ignorância sexual. Não confio em ninguém que defenda manter o sexo como segredo.

4. Odiar o próprio corpo é odiar a casa do seu espírito. Minha energia espiritual irradia-se através do meu corpo e não posso expressar amor e prazer sensual com um corpo que odeio.

5. Passar o que sabemos sobre sexo às crianças é uma responsabilidade que não devemos ignorar. Se queremos desfrutar as dádivas da gratificação sexual, só podemos continuar compartilhando de nossa vida sexual se nos comprometermos a orientar outros.

Umas poucas palavras de sabedoria para concluir. Leve sua vida sexual a sério mas nunca perca o senso de humor no sexo. Algumas das melhores gargalhadas que dei na vida foram durante atividades sexuais, às vezes sozinha comigo mesma! O humor é a nossa válvula de escape. Ele alivia a pressão gerada pelo nosso medo de rejeição e pela vergonha. Ele diminui o ressentimento e acalma nossos corações e mentes estressados. Rir de ou durante um momento sexual não é a mesma coisa que rir de alguém. Participe do humor e receberá a recompensa do riso.

Se tem medo ou fica confuso(a) com a sua sexualidade, então gaste mais tempo falando de sua vida sexual do que de seu emprego, de sua família, dos seus amigos ou dos seus *hobbies*. As pessoas pensavam que eu era biruta por falar tão abertamente de quem eu era sexualmente e do que fazia. Mas essa abertura me deu a força e a coragem para examinar e descobrir os aspectos positivos e negativos da minha sexualidade. De que outra forma poderia ter superado tantos mitos e concepções erradas? De que outra forma poderia ter aprendido onde me encontrava em relação aos outros e a sua sexualidade? Eu falava em voz alta comigo mesma e com meu parceiro para poder ouvir o que estava dizendo e ter consciência do que fazia. Não podia admitir estar brincando ou me enganando. Meu bem-estar e minha vida sexual dependiam de uma auto-honestidade total. Ninguém era melhor para me enganar do que eu mesma.

O melhor do amor e o melhor do sexo é o começo de uma evolução sexual que nos levará a todos a uma nova era de orgulho e confiança sexuais. Ainda estou no processo para alcançar esse orgulho e confiança e planejo ser um esforço contínuo nesse sentido — uma obra em progresso — pelo resto da vida. Concluo um livro que foi difícil de escrever mas que me deu grande satisfação. Espero que você encontre aqui algo que possa abraçar e aplicar em sua vida — alguma palavra ou pensamento que ligue a centelha da sua paixão interior e exorte o seu espírito. A maioria de nós precisa apenas de um pequeno estímulo para dar os primeiros passos rumo à mudança. Acredito que todos podemos mudar a nossa vida sexual para melhor. Quem sabe para quantas pessoas você será inspiração quando se tornar sexualmente confiante?

Este livro foi composto na tipologia Dutch 766
em corpo 11/14 e impresso em papel
Offset 75g/m² no Sistema Cameron da Divisão
Gráfica da Distribuidora Record.

Seja um Leitor Preferencial Record
e receba informações sobre nossos lançamentos.
Escreva para
RP Record
Caixa Postal 23.052
Rio de Janeiro, RJ – CEP 20922-970
dando seu nome e endereço
e tenha acesso a nossas ofertas especiais.

Válido somente no Brasil.